Manfred Häußler / Albrecht Rieder

Wunder und Gleichnisse
im Religionsunterricht

3., überarbeitete Auflage

Vandenhoeck & Ruprecht

RU praktisch sekundar

Alle Bibeltexte nach: Lutherbibel, revidierter Text 1984,
durchgesehene Ausgabe in neuer Rechtschreibung, © 1999 Deutsche Bibelgesellschaft, Stuttgart
Zeichnungen: Katrin Wolff, Wiesbaden

S. 22, M3: Foto der Marienstatue in Lourdes: Dennis Jarvis Halifax, Canada
(https://commons.wikimedia.org/wiki/File:France-002009_-_Our_Lady_of_Lourdes_(15774765182).jpg),
„France-002009 – Our Lady of Lourdes (15774765182)",
https://creativecommons.org/licenses/by-sa/2.0/legalcode

S. 33, M6: Evangeliar Ottos III: http://daten.digitale-sammlungen.de/bsb00096593/image_53 = Bayerische Staatsbibliothek München, Clm 4453, fol. 119r

Bibliographische Information der Deutschen Nationalbibliothek:
Die Deutsche Nationalbibliothek verzeichnet diese Publikation in
der Deutschen Nationalbibliografie; detaillierte bibliografische Daten
sind im Internet über http://dnb.de abrufbar.

3. Auflage 2019

© 2010, Vandenhoeck & Ruprecht GmbH & Co. KG, Theaterstraße 13, D-37073 Göttingen
Alle Rechte vorbehalten. Das Werk und seine Teile sind urheberrechtlich geschützt.
Jede Verwertung in anderen als den gesetzlich zugelassenen Fällen bedarf der vorherigen
schriftlichen Einwilligung des Verlages.

Satz: textformart, Göttingen
Druck und Bindung: ♥ Hubert & Co BuchPartner, Göttingen

Vandenhoeck & Ruprecht Verlage | www.vandenhoeck-ruprecht-verlage.com

ISBN 978-3-525-77549-3

Inhalt

EINFÜHRUNG	8
I. UND SIE WUNDERTEN SICH	10

1. Biblische Wundergeschichten	13
Arbeitsblatt	Klasse
M1 Wunder in der Umgangssprache	5/6
M2 Wunder gibt es immer wieder	7/8
M3 Wundermix – ein Kreuzworträtsel	7–9
M4 Jesus heilt einen Gelähmten	5–7
M5 Die Form biblischer Wundergeschichten	7–9

2. Außerbiblische Wundergeschichten	18
Arbeitsblatt	Klasse
M1 Eine jüdische Wundergeschichte	7/8
M2 Aus der „Kindheitserzählung des Thomas"	7/8
M3 Vergleich	7/8

3. Moderne Wundergeschichten	20
Arbeitsblatt	Klasse
M1 Philipp, das Rechenwunder	5/6
M2 Wunderbare Heilung einer Krebskranken	7/8
M3 Wunder in Lourdes	7/8

4. Begriffsklärung	23
Arbeitsblatt	Klasse
M1 Begriffe für Wunder in der Bibel	5–8
M2 Grundzüge biblischer Wunder	7/8

II. ARTEN VON WUNDERN IM NT	25

5. Heilungswunder	28
Arbeitsblatt	Klasse
M1 Der blinde Bartimäus (Mk 10,46–52)	5–9
M2 Handlungsablauf des Wunders	7/8
M3 Vergleich zweier Blindenheilungen	7/8
M4 Interview mit einem Blinden	5–9
M5 Mein Blickfeld	5–9
M6 Bilder zur Blindenheilung	7–9

6. Speisungswunder	34
Arbeitsblatt	**Klasse**
M1 Vergleich Ex 16,12–15 / Mk 8,1–10	7–9
M2 Ist das Wunder so passiert?	7–9
M3 Ein ‚Zeitwunder'	7/8
M4 Zeitgedicht	7–9

7. Rettungswunder	37
Arbeitsblatt	**Klasse**
M1 Die Stillung des Seesturms (Mk 4,35–41)	7–9
M2 Hans Georg Anniès, Sturmstillung	7–9
M3 Gottesglaube und Katastrophentod	8/9

8. Totenauferweckung	40
Arbeitsblatt	**Klasse**
M1 Die Tochter des Jairus	6–8
M2 Herr, für dich ist der Tod wie ein Schlaf	7–9
M3 Die Auferweckung Jesu als Wunder	8/9

III. GLAUBE UND WUNDER 43

9. „Dein Glaube hat dich gerettet."	46
Arbeitsblatt	**Klasse**
M1 Drei Glaubensgeschichten	7–9
M2 Die Rolle des Glaubens im Wunder	8/9
M3 Glaube und Gesundheit	7–9

10. Wunder im Glauben	51
Arbeitsblatt	**Klasse**
M1 Wunder sind Auferstehungsgeschichten	8/9
M2 Verschiedene Aspekte der Wundergeschichten	7–9

11. Wunderglaube und christliches Handeln	53
Arbeitsblatt	**Klasse**
M1 Lied für Blinde, Lahme, Taube	5–9
M2 Gott mischt sich ein	5–9

IV. VERSCHIEDENE GLEICHNISSE JESU 55

12. Vom Senfkorn (Mt 13,31 f.)	59
Arbeitsblatt	**Klasse**
M1 Synoptischer Vergleich	7/8
M2 Es wird erlassen	7/8
M3 Bilder für das Reich Gottes	5–7

13. Vom vierfachen Ackerfeld (Mt 13,1–9)	62
Arbeitsblatt	Klasse
M1 Walter Back, Das vierfache Ackerfeld	5–9
M2 Beispiele	7/8
M3 Erlebnisse mit dem Glauben	7–9
M4 Sachinformationen	7–9

14. Vom verlorenen Schaf und der verlorenen Drachme (Lk 15,1–10)	66
Arbeitsblatt	Klasse
M1 Lk 15,1–7	5/6
M2 Lk 15,1–10	7/8
M3 Suchen im Alltag	5–7
M4 Habt Vertrauen	5–9

15. Von den Tagelöhnern im Weinberg (Mt 20,1–15)	70
Arbeitsblatt	Klasse
M1 Konzentrationstest	5–7
M2 Nacherzählung des Gleichnisses	5–7
M3 Arbeit – Mindmaps	8/9
M4 Zustimmung oder Ablehnung?	8/9

V. DIE MITTE DER BOTSCHAFT JESU: DAS REICH GOTTES ... 75

16. Das Reich Gottes in Gleichnissen und Wundern	77
Arbeitsblatt	Klasse
M1a Sternvorlage	
M1b Kennzeichen des Reiches Gottes	7–9
M2 Gleichnisse	7–9
M3 Wunder	7–9
M4 Sieger Köder, Tischgemeinschaft mit den Ausgegrenzten	7–9

VI. DEUTUNGEN VON WUNDERN UND METHODISCHE ZUGÄNGE ... 82

17. Verschiedene Deutungstypen	84
Arbeitsblatt	Klasse
M1 Kurze Beschreibung	8/9
M2 Die syro-phönizische Frau (Mk 7,24–30)	8/9
M3 Der Jüngling zu Nain (Lk 7,11–17)	8/9

18. Verschiedene methodische Zugänge zu Lk 10,25–37	89
Arbeitsblatt	Klasse
M1 Textbezogen	5–7
M2 Gestalterisch	5–7
M3 Körperbetont	5–9
M4 Aktualisierend	7–9
M5 Künstlerisch: Liebermann	7–9
M6 Künstlerisch: Litzenburger	8/9
M7 Spielerisch	6–9

Einführung

Jesus, der über die Hügel Galiläas wanderte und in den Orten um den See Galiläas Gleichnisse predigte und Wunder wirkte, bleibt uns unbekannt und endgültig entzogen. Bekannt ist aber das Zentrum seiner Verkündigung: die Botschaft von der Nähe des Reiches Gottes (Mk 1,14). Diese neue Botschaft wollte er in seinen Wundern und in seinen Gleichnissen erfahrbar machen. Mit ihr wollte er die Menschen von Angst und Schuld befreien, das Vertrauen in Gott stärken und die unbedingte Zuwendung Gottes den Schwachen und Verlorenen zusprechen. Diese Botschaft motiviert gleichzeitig zum Handeln für die Sache Gottes. Jesus beschrieb nie, was das Reich Gottes ist, sondern er machte die Wirklichkeit dieser Botschaft erfahrbar in der Spannung von Gott und Welt, vom Inneren des Menschen und von Öffentlichkeit, von Gegenwart und Zukunft, von Diesseits und Jenseits.

Das vorliegende Material für die Sekundarstufe I stellt nicht die Person Jesu und den Glauben an ihn in den Mittelpunkt, sondern die Konzentration auf seine Gleichnisse und Wunder. Denn seine Botschaft und Existenz sind zwar ohne Gleichnisse und Wunder nicht verstehbar, aber Jesus ist schon historisch nicht einfach identisch mit seinen Gleichnissen und Wundern.

Sie heute zu verstehen, bereitet einige Schwierigkeiten. Das Bemühen um ihr Verstehen gehörte schon im NT dazu. Jesu Frage im Zusammenhang mit den Saatgleichnissen: „Wenn ihr schon dieses Gleichnis nicht verstehen könnt, wie wollt ihr dann all die anderen Gleichnisse verstehen?" (Mk 4,13) ist eine biblische Frage und nicht erst eine exegetische oder religionspädagogische. Ohne die exegetisch geführte Diskussion um eine adäquate Auslegung des Gleichnisses als „Allegorie", „Sprachgeschehen", „Metapher", „autonomes Kunstwerk", „kommunikative Handlung" oder „Spiel" ansprechen zu können, wird hier nur eine kleine Auswahl von Gleichnissen für den Unterricht aufgearbeitet (vgl. Kapitel IV). Eine Verstehensschwierigkeit liegt im unterschiedlichen geschichtlichen, gesellschaftlichen und religiösen Kontext damals und heute (z.B. Bezüge zum AT, Erfahrungen mit dem landwirtschaftlichen Leben und mit den Bräuchen der damaligen Bevölkerung). In erster Linie sollen die ausgewählten Gleichnisse nicht in ihren unterschiedlichen literarischen Formen (z.B. Parabel, Beispielerzählung, Allegorie) bearbeitet werden, sondern sie werden als Erschließung des Reiches Gottes (vgl. Kapitel V) vorgestellt. Gleichnisse verwirklichen, was sie verkünden. Insofern sind sie als ein „Sprachgeschehen" anzusehen, welches das Reich Gottes als Ereignis auch für heutige Schülerinnen und Schüler zur Sprache bringt. Sie eröffnen einen Weg des Verstehens über die Zeit Jesu hinaus und sind so durch einen Mehrwert ausgezeichnet. Die Wirklichkeit des Reiches Gottes ist zwar da, aber sie ist als Gleichnis noch verborgen. Diese Wirklichkeit muss erst entborgen werden, so dass die Gleichnisse schon in der frühen Gemeinde kommentiert und gedeutet wurden. Weil sie entbergen und so die Wirklichkeit des Reiches Gottes immer wieder neu in unterschiedlichen, oft alltäglichen Bildern zusagen, bleiben sie für unsere Zeit interessant. In den Materialien wird bei jedem Gleichnis zunächst eine sachliche Ebene zur Sprache gebracht, dann folgen weitere Materialien, welche die Aktualität der Reich-Gottes-Botschaft im heutigen Schülerhorizont akzentuieren.

Noch schwieriger als bei den Gleichnissen stellt sich die Verständnisfrage bei Jesu Wundern.

Sie setzen zunächst wie die Gleichnisse das Weltbild des Orients voraus, das unseren Schülerinnen und Schülern fremd ist. Vor allem ist formgeschichtlich zwischen vorösterlichen Wundern, wie z.B. den Dämonenaustreibungen, und nachösterlich geformten Wundern, wie z.B. den Totenauferweckungen, zu unterscheiden. Soll Jesus Christus nicht wie ein ferner Zauberer, der einfach als Sohn Gottes die Naturgesetze durchbrechen konnte, auf heutige Schülerinnen und Schüler wirken, dann lässt sich diese historisch-kritische Sicht der Wunderüberlieferung im Unterricht nicht umgehen. Unbestritten hat der historische Jesus Wunder gewirkt. Dazu gehören seine Dämonenaustreibungen und seine Heilungen. Als ein Beispiel dieser Heilungen wird eine Blindenheilung vorgestellt (Kapitel II 5). Inhaltlich viel schwieriger aufzuarbeiten sind allerdings die anderen Wunder, die formgeschichtlich „Rückprojektionen von Ostererfahrungen" in das irdische Leben Jesu und so Darstellungen des in der frühen Gemeinde geglaubten Christus sind: die Brotvermehrungen, die Sturmstillung, die Totenauferweckungen (Kapitel II), in denen sich der Glaube an Jesus Christus als Herr über Leben und Tod ausspricht. Wunder sind so Auferstehungsgeschichten, die von Ostern her und auf Ostern hin erzählen. Bei den Schülerinnen und Schülern konzentriert sich die Wunderfrage oft auf das Problem, ob diese Wunder tatsächlich so passiert sind oder nicht. Obwohl dies theologisch eine untergeordnete Frage ist, kann ihr im Religionsunterricht nicht ausgewichen werden (vgl. 6 M2; 8 M3). Viele Schülerinnen und Schüler sind zunächst dem vorherrschenden Kausaldenken verpflichtet, das nur als wahr gelten lässt, was sich in einem Begründungszusammenhang beweisen lässt.

Die Materialien eröffnen im Bewusstsein dieser Schwierigkeiten unterschiedliche Verstehenswege, die durchaus historisch-kritisch und sachlich, aber gleichzeitig aktualisierend im Horizont heutiger Schülererfahrungen Wunder und Gleichnisse thematisieren. Die unterschiedlichen methodischen Ansätze zielen immer darauf, dass die Wunder und Gleichnisse darin übereinkommen, dass sie das Reich Gottes zusagen und erfahrbar machen wollen. Darin liegt, wenn man so will, das didaktische Zentrum der Materialien, sodass die Integration der Kapitel III „Glaube und Wunder" und V „Die Mitte der Botschaft Jesu: das Reich Gottes" in den Unterricht unverzichtbar ist, um es nicht einfach bei der losen Aneinanderreihung der Gleichnisse und Wunder zu belassen.

Kapitel I geht zunächst auf einen allgemeinen Wunderbegriff ein, denn von „Wundern" wird, meistens unreflektiert, auch heute noch gesprochen. Kapitel II stellt einzelne Wunder, besonders die formalgeschichtlich und inhaltlich schwer nachvollziehbaren „Naturwunder" vor, Kapitel III und V bilden den Fokus und sammeln den Konzentrationspunkt der gesamten Materialien. Kapitel VI gibt zunächst rein kognitiv verschiedene Deutungstypen (VI 17) der Wunder wieder, während in VI 18 unterschiedliche ganzheitliche Methoden an einem Gleichnis (Der barmherzige Samariter) ausprobiert werden sollen. Bei der methodischen Aufarbeitung wurde darauf geachtet, dass die Materialien einerseits in verschiedenen Klassen der Sekundarstufe I einsetzbar sind, sodass sich inhaltlich und methodisch sicher einfachere Materialien neben anspruchsvolleren finden, andererseits werden neben der rein kognitiven Bearbeitung auch ganzheitliche Methoden vorgeschlagen. Für den Einsatz der gesamten Materialien ist es hilfreich, die jeweiligen methodisch-didaktischen Hinweise vor den einzelnen Kapiteln zu lesen. Sie führen näher in die Materialien ein und liefern teilweise erwartete Ergebnisse zu den einzelnen Arbeitsaufgaben.

Kommen die Schülerinnen und Schüler im Unterricht zu einem ersten Verständnis oder wenigstens zu einer nur geahnten Einsicht, dass die Reich-Gottes-Botschaft Jesu in seinen Gleichnissen und Wundern in unserem modernen Leben einen Zuspruch und einen Anspruch darstellt, dann haben die Materialien ihre unterrichtliche Funktion erfüllt.

I. Und sie wunderten sich ...

Methodisch-didaktische Hinweise zu den Materialien

Kapitel I versteht sich methodisch als eine kreative und inhaltlich als eine erste theologisch angemessene Annäherung an das Wunderthema. Trotz der Vorherrschaft naturwissenschaftlich-technischen Denkens rechnen Kinder und Erwachsene auch heute noch mit Wundern (vgl. den Film „Das Wunder von Bern", Schlagzeilen in der Presse „Das Wunder von ...").

1 Biblische Wundergeschichten

Der Abschnitt versucht mit **M1** spielerisch einen Zugang zu einem alltäglichen Wunderverständnis, ohne dass dieses hier schon adäquat aufgearbeitet wird. Folgendes könnte in den verschiedenen Sätzen der Sprechblasen angesprochen werden. Wunder sind
- heilsam und lebensdienlich
- überraschend und außerordentlich
- naturwissenschaftlich zunächst nicht erklärbar
- daher Aufsehen erregend
- nicht notwendig ein Hinweis auf eine göttliche Macht

M2 knüpft noch einmal an das alltägliche Wunderverständnis an, formuliert und systematisiert dieses Verständnis und fordert die Schülerinnen und Schüler zu einer persönlichen Stellungnahme auf.

Das Kreuzworträtsel in **M3** (siehe Lösung) ruft einige biblische Wundergeschichten in Erinnerung, um den Horizont für die folgenden biblischen Wunder zu eröffnen. Exegetisch unbestritten ist, dass Jesus Heilungswunder gewirkt hat. In **M4** geht es nicht um eine historisch-kritische Aufarbeitung eines

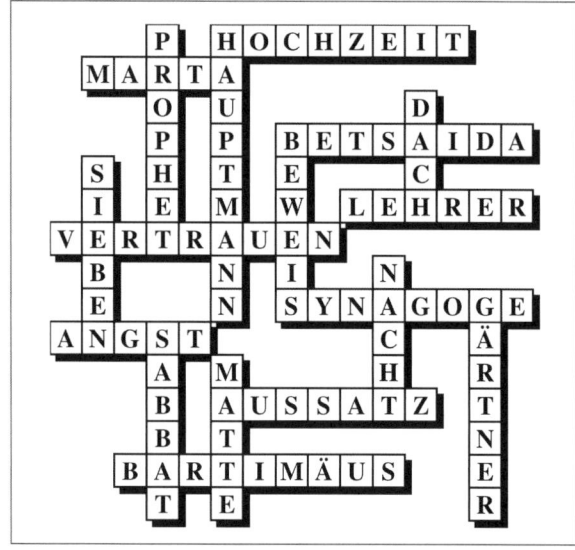

Heilungswunders, sondern um eine spielerische Annäherung an das Wunder der Heilung des Gelähmten. Die Skizze des Arbeitsblattes gliedert das Wunder in drei Szenen mit unterschiedlichen Personen, sodass das Bild sich für eine kreative Bearbeitung eignet.

Mit **M5** soll die Lerngruppe sehen, dass die Wunder in einer geprägten Form überliefert werden. Die Formelemente werden dann auf das Wunder der Heilung der Schwiegermutter des Petrus angewendet. Eventuell kann in einem Rollenspiel mit folgendem Arbeitsauftrag die Erarbeitung dieser Formteile vertieft werden (evtl. in fünf Gruppen): „Spielt das Wunder nach. Achtet dabei auf die spielerische Ausgestaltung der fünf Formteile."

2 Außerbiblische Wundergeschichten

Verschiedene Materialien zeigen, dass der Wunderglaube in der Umwelt des Neuen Testaments selbstverständlich war. Dabei steht nicht wie heute ein Ereignis im Mittelpunkt, in dem die Naturkausalität durchbrochen wird, sondern es handelt sich um ein Ereignis, das auf ein göttliches Eingreifen, auf eine höhere Macht hinweist. In M1 wird das Beispiel des jüdischen Exorzisten Eleazar aus der Zeit des Jüdischen Krieges vorgestellt. Josephus, der Kriegsgefangener des Kaisers Vespasian war, ist Augenzeuge dieses Wunders. Eleazar benutzt für die Heilung einen Siegelring mit eingeschlossener Wurzel. Der Siegelring war in der Antike ein Instrument für die Heilung von Epilepsie. Das Wunder ist begleitet von dem Verbot für den Dämon, wieder in den Kranken zurückzukehren. Zum Beweis soll er ein Wasserglas umstürzen. Um die Rückkehr zu vermeiden, beschwört der Exorzist den Kranken mit Sprüchen des Königs Salomo.

Das apokryphe Kindheitsevangelium des Thomas aus dem 2. Jh. n. Chr. (M2) lässt Jesus Schauwunder wirken und schreibt ihm dadurch schon als Kind Wunderkräfte zu. Dass Jesus schon als Kind Wunder wirkte, ist den Evangelien vollkommen fremd. Die deutliche Differenz der Wundertätigkeit Jesu zu den außerbiblischen Wundern wird in M3 in einem Schema erarbeitet und damit ein weiterer sachlicher Beitrag zum Verständnis der biblischen Wunder geleistet.

3 Moderne Wundergeschichten

Aus der Presse haben die Schülerinnen und Schüler, wenn auch nur am Rande, Berichte über Menschen mit herausragenden Fähigkeiten oder über medizinisch unerklärbare Heilungen gehört – ein weiterer Beleg für den alltäglichen Gebrauch des Wunderbegriffes.

Moderne Berichte werden aufgegriffen und auf ihr Wunderverständnis hin befragt. Schon in M1 (Philipp, das Rechenwunder) geht es nicht um eine außerordentliche mathematische Begabung Philipps, sondern darum, dass er durch einen Lehrerwechsel neues Selbstvertrauen gewinnt und dadurch wieder zu besseren Leistungen in Mathematik fähig ist. Das Wunder liegt nicht in etwas Außergewöhnlichem, sondern in der freundlichen und geduldigen Zuwendung der neuen Lehrerin zu Philipp. Es ist ein alltägliches Wunder, das eine größere Nähe zu den biblischen Wundern zeigt als die Schülerfrage, wie Jesus die Naturgesetze durchbrechen kann. Aus dieser alltäglichen Erfahrung ergeben sich die vorletzte und letzte Aufgabe zu M1.

Die Materialien M2 und M3 gehören inhaltlich zusammen, können aber getrennt eingesetzt werden. In M2 geht es um die unerklärliche Heilung einer krebskranken Frau mit Hilfe des Gebets eines Klinikpfarrers, während M3 sachlich über die Heilungen in dem bekannten französischen Wallfahrtsort Lourdes berichtet – ein privater und ein eher öffentlicher Bericht, verbunden durch die Erfahrung einer unerklärlichen Heilung. In M2 steht der Pfarrer zwischen dem schlichten Gottvertrauen der krebskranken Frau und seinem theologischen Wissen um die Wunder. Obwohl es sich tatsächlich um ein unerklärliches Wunder bei der Heilung der Frau handelt, zielen die dritte und vierte Aufgabe auf zwei Grundfragen des Wunderverständnisses. Einmal geht es um das Vertrauen der Frau in das Gebet, also wie in den biblischen Wundern um einen Vertrauensglauben als Voraussetzung und Folge eines Wunders und dann in der letzten Arbeitsfrage um das Problem, ob Gott auch heute noch in dieser Weise heilend eingreift. Bei dieser Frage wird man eingestehen müssen, dass in der Regel schwer Krebskranke nicht geheilt werden, dass Gott die gewollte Ordnung im menschlichen Leben und in der Natur nicht durchbricht, dass er aber andererseits als Schöpfer nicht selbst Sklave der gewollten Naturgesetze ist, sondern sie bei bestimmten Personen durchbrechen kann, z.B. auch im Glauben an eine alle Menschen betreffende, leibliche Auferstehung. Wann, wo und warum Gott die Naturgesetze außer Kraft setzt – das können wir nicht erklären, sondern nur im Glauben wahrnehmen. Auf diese Antwortmöglichkeit zielt auch die letzte Aufgabe von M3. In der dritten Aufgabe von M3 werden folgende drei Erklärungsmöglichkeiten erwartet: „überraschende Kraftbeweise Gottes", „Spontanheilungen" und eine „wunderbare Veränderung im Herzen des Pilgers."

4 Begriffsklärung: Wunder in der Bibel

Hier geht es allein um ein schülergerechtes und sachgemäßes Verständnis der biblischen Wunder. Insofern sind die Materialien dieses Kapitels unverzichtbar.

M1 soll aufzeigen, dass das NT für unseren Begriff „Wunder" mehrere Wörter kennt. Der geläufige griechische Fachbegriff für Wunder, *thauma* (Kunststück, Wundertat), der das Außergewöhnliche und Mirakulöse betont, kommt nur einmal im NT vor. Dagegen finden sich die im Griechischen auch geläufigen Begriffe für Wunder im NT in einer neuen Bedeutung. Am häufigsten wird bei den Wundern Jesu von den Synoptikern der Begriff „dynamis" als personale Machttat Jesu verwendet. Der Begriff „semeion" (Zeichen) wird besonders im Johannesevangelium für etwas Kommendes gebraucht, ist bei den Synoptikern eher zurückhaltend verwendet (vgl. auch M2), während die Bezeichnung „ergon" die Wunder als „ihm [Jesus] aufgetragene Werke" (B. Kollmann) kennzeichnet (Mt 11,2; Joh 9,3). Die Zuordnung des Wortes für Wunder und die entsprechende Bedeutung ist eine leichte Aufgabe. M2 fasst noch einmal mit verschiedenen biblischen Stellen zentrale Aussagen zum Verständnis der biblischen Wunder zusammen. Einzelne fundamentale Erkenntnisse zu den Wundern Jesu wie „Jesus betont den Glauben als Beitrag zum Wunder" und „Jesus verkündet mit den Wundern das Reich Gottes" werden in Kapitel III und V weiter vertieft.

1. Biblische Wundergeschichten | M1

Wunder in der Umgangssprache

© Monkey Business Images/shutterstock

Lege jeder der Personen einen Satz in den Mund, in dem das Wort „Wunder" vorkommt (auch als Wortteil wie im Beispiel).

© 2019, Vandenhoeck & Ruprecht GmbH & Co. KG, Göttingen / www.v-r.de

M2 | 1. Biblische Wundergeschichten

Wunder gibt es immer wieder

Wunder lassen uns staunen und versetzen uns in Bewunderung. Wir staunen zum Beispiel über einen blühenden Baum, eine schöne Blume oder einen Sonnenuntergang. Daher sprechen wir von den „Wundern der Natur".

Oft wird ein Ereignis, das nach menschlichem Ermessen höchst unwahrscheinlich ist, als Wunder angesehen. So wird der Gewinn der Fußballweltmeisterschaft Deutschlands 1954 gegen Ungarn als „Wunder von Bern" bezeichnet.

Unerklärliche Sachen werden als Rätsel oder als Wunder bezeichnet. Bei sieben Bauwerken in der Antike spricht man von „Weltwundern". Sie sind so überwältigend, weil ihre Bautechnik heute nicht mehr erklärt werden kann.

Wer einen Autounfall auf glatter Straße überlebt, obwohl das Auto total beschädigt ist, sagt „das war ein Wunder, dass mir nichts passiert ist". Die persönliche Verwunderung bezeichnet als „Wunder", was andere Zufall oder Glück nennen.

Nach einer überwundenen Notlage sagen gläubige Menschen oft, dass Gott eingegriffen habe. Auch wenn andere Menschen hilfreich beteiligt waren, sehen sie darin ein Zeichen für Gottes Wirken und nennen dies ein „Wunder Gottes".

---

1. Finde einige Beispiele zu diesen Beschreibungen von Wundern.
2. In welchen Beschreibungen leuchtet dir der Begriff „Wunder" am ehesten ein?
3. Formuliere eine eigene Beschreibung für den Begriff „Wunder".

© 2019, Vandenhoeck & Ruprecht GmbH & Co. KG, Göttingen / www.v-r.de

1. Biblische Wundergeschichten | M3

Wundermix – ein Kreuzworträtsel

Waagerecht

2 Fest, bei dem Jesus ein Wunder wirkt (Joh 2,1–11)

3 Schwester des vom Tod auferweckten Lazarus (Joh 11,1–16)

5 Ort einer Blindenheilung (Mk 8,22–26)

7 Überraschende Bezeichnung für Jesus (Lk 8,49–56)

8 Davon hatten die Jünger zu wenig (Mt 8,23–27)

10 Gebäude, in dem Jesus eine Machttat vollbringt (Lk 4,31–37)

12 Davon hatten die Jünger zu viel (Mt 8,23–27)

15 Schwere Krankheit zur Zeit Jesu (Mk 1,40–45)

16 Name eines Blinden, den Jesus heilt (Mk 10,46–52)

Senkrecht

1 So bezeichneten die Leute Jesus, nachdem er einen Toten auferweckt hat (Lk 7,11–17)

2 Dienstgrad des römischen Soldaten, dessen Diener von Jesus geheilt wird (Lk 7,1–10)

4 Hausteil, durch den Freunde einen Gelähmten zu Jesus abseilten (Lk 5,17–26)

5 Forderung der Leute an Jesus (Lk 11,29–32)

6 Zahl der Körbe mit übrig gebliebenem Brot nach einem Speisungswunder (Mk 8,1–10)

9 Tageszeit, zu der ein Wunder geschieht (Joh 6,16–21)

11 Mit ihm wird der auferweckte Jesus verwechselt (Joh 20,11–18)

13 Tag einer Heilung (Lk 6,6–11)

14 Gegenstand, den einer nach seiner Heilung mitnimmt (Joh 5,1–18)

Fülle das Kreuzworträtsel aus. Schlage dazu die entsprechenden Stellen in der Bibel nach. Hinweis: Umlaute sind 1 Buchstabe.

M4 | 1. Biblische Wundergeschichten

Jesus heilt einen Gelähmten

Und nach einigen Tagen ging er [= Jesus] wieder nach Kapernaum, und es wurde bekannt, dass er im Hause war. Und es versammelten sich viele, sodass sie nicht Raum hatten, auch nicht draußen vor der Tür; und er sagte ihnen das Wort. Und es kamen einige zu ihm, die brachten einen Gelähmten, von vieren getragen. Und da sie ihn nicht zu ihm bringen konnten, wegen der Menge, deckten sie das Dach auf, wo er war, machten ein Loch und ließen das Bett herunter, auf dem der Gelähmte lag. Als nun Jesus ihren Glauben sah, sprach er zu dem Gelähmten: Mein Sohn, deine Sünden sind dir vergeben. Es saßen da aber einige Schriftgelehrte und dachten in ihren Herzen: Wie redet er so? Er lästert Gott! Wer kann Sünden vergeben als Gott allein? Und Jesus erkannte sogleich in seinem Geist, dass sie so bei sich selbst dachten, und sprach zu ihnen: Was denkt ihr solches in euren Herzen? Was ist leichter, zu dem Gelähmten zu sagen: Dir sind deine Sünden vergeben, oder zu sagen: Steh auf, nimm dein Bett und geh umher? Damit ihr aber wisst, dass der Menschensohn Vollmacht hat, Sünden zu vergeben auf Erden – sprach er zu dem Gelähmten: Ich sage dir, steh auf, nimm dein Bett und geh heim!

Und er stand auf, nahm sein Bett und ging alsbald hinaus vor aller Augen, sodass sie sich alle entsetzten und Gott priesen und sprachen: Wir haben so etwas noch nie gesehen.

Mk 2,1–12

1. Unterstreiche die Personen im Text mit unterschiedlichen Farben und finde sie in der Bildergeschichte.
2. Schreibe zu jedem Bild auf, was die Personen sagen oder denken. Du kannst das auch mit eigenen Worten tun.
3. Male die Bildergeschichte aus und ergänze sie.

© 2019, Vandenhoeck & Ruprecht GmbH & Co. KG, Göttingen / www.v-r.de

Und sie wunderten sich ...

1. Biblische Wundergeschichten | M5

Die Form biblischer Wundergeschichten

| ◯ | ⬭ | Gegner äußern Einwände |

| ◯ | ⬭ | Eine Notlage wird erzählt |

| ◯ | ⬭ | Jesus wirkt ein Wunder |

| ◯ | ⬭ | Der Erfolg des Wunders wird sichtbar |

| ◯ | ⬭ | Die Menschen reagieren auf das Wunder |

1. Nummeriere die Kästchen in der richtigen Reihenfolge.
2. Trage folgende Begriffe passend in die Schreibfelder ein: *Abwehr, Einleitung, Erfolg, Schluss, Wundertat.*
3. Markiere die fünf Abschnitte der folgenden Wundergeschichte entsprechend der Nummerierung aus den Arbeitsaufgaben 1 und 2: 1 = blau, 2 = rot, 3 = grün, 4 = gelb, 5 = lila.

Die Heilung der Schwiegermutter des Simon
Und alsbald gingen sie aus der Synagoge und kamen in das Haus des Simon und Andreas mit Jakobus und Johannes. Und die Schwiegermutter Simons lag darnieder und hatte das Fieber, und alsbald sagten sie ihm von ihr. Da trat er zu ihr, fasste sie bei der Hand und richtete sie auf; und das Fieber verließ sie und sie diente ihnen. Am Abend aber, als die Sonne untergegangen war, brachten sie zu ihm alle Kranken und Besessenen. Und die ganze Stadt war versammelt vor der Tür.

Mk 1,29–33

© 2019, Vandenhoeck & Ruprecht GmbH & Co. KG, Göttingen / www.v-r.de

M1 | 2. Außerbiblische Wundergeschichten

Eine jüdische Wundergeschichte

Zur Zeit Jesu gab es viele Menschen, die als Wundertäter galten. Von dem Wundertäter Eleazar berichtet der Geschichtsschreiber Flavius Josephus (1. Jh. n. Chr.):

Die Heilkunst steht bei uns auch jetzt noch in voller Blüte. Ich weiß, dass Eleazar in Gegenwart des Kaisers Vespasian, seiner Söhne, der Obersten und vieler Soldaten die von Dämonen Besessenen davon befreite. Er hielt an die Nase der Besessenen einen Ring, in dem eine von den Wurzeln eingeschlossen war, die Salomo angegeben hatte, ließ den Besessenen daran riechen und zog so den bösen Geist durch die Nasenlöcher heraus. Der Mann stürzte sofort zu Boden, und Eleazar beschwor den bösen Geist, nie wieder in den Menschen zurückzukehren, indem er den Namen Salomos und die von ihm verfassten Sprüche hersagte. Um aber den Anwesenden zu beweisen, dass er wirklich solche Macht besitze, stellte Eleazar nicht weit davon einen mit Wasser gefüllten Becher oder ein Becken auf und befahl dem bösen Geist, beim Ausfahren aus dem Menschen diesen Becher umzuwerfen und so die Zuschauer davon zu überzeugen, dass er den Menschen verlassen habe.

1. Schreibe auf, wie Eleazar den Besessenen heilt.
2. Beschreibe die Absichten Eleazars mit seinen Wundertaten.

M2 Aus der „Kindheitserzählung des Thomas"

Von Jesus werden Wunder erzählt, die nicht in den vier Evangelien vorkommen. Diese ist aus dem Thomasevangelium vom Ende des 2. Jahrhunderts.

Als dieser Knabe Jesus fünf Jahre alt geworden war, spielte er an einer Furt eines Baches; das vorbeifließende Wasser leitete er in Gruben zusammen und machte es sofort rein; mit dem bloßen Wort gebot er ihm. Er bereitete sich weichen Lehm und bildete daraus zwölf Sperlinge. Es war Sabbat, als er dies tat. Auch viele andere Kinder spielten mit ihm. Als nun ein Jude sah, was Jesus am Sabbat beim Spielen tat, ging er sogleich weg und meldete dessen Vater Joseph: „Siehe, dein Knabe ist am Bach, er hat Lehm genommen, zwölf Vögel gebildet und hat den Sabbat entweiht." Als nun Joseph an den Ort gekommen war und es gesehen hatte, da herrschte er ihn an: „Weshalb tust du am Sabbat, was man nicht tun darf?" Jesus aber klatschte in die Hände und schrie den Sperlingen zu. „Fort mit euch!" Die Sperlinge öffneten ihre Flügel und flogen mit Geschrei davon.

Edgar Hennecke: Neutestamentliche Apokryphen in deutscher Übersetzung, Wilhelm Schneemelcher (Hg.) Tübingen 1964, Band 1, S. 293 f.

1. Nenne die beiden Wundertaten Jesu.
2. Beschreibe, was diese beiden Wunder von den bisher bekannten biblischen Wundern Jesu unterscheidet

© 2019, Vandenhoeck & Ruprecht GmbH & Co. KG, Göttingen / www.v-r.de

2. Außerbiblische Wundergeschichten | M3

Vergleich

1 Das Wunder geschieht meist durch Worte.

2 Das Wunder geschieht ohne Wissen und Willen des Notleidenden.

3 Das Wunder stellt den Wundertäter in den Vordergrund.

4 Der Wundertäter wendet sich den Notleidenden zu.

5 Das Wunder geschieht durch die Autorität des Wundertäters.

6 Das Wunder geschieht durch Zaubersprüche, Gegenstände und bestimmte Handlungen.

7 Der Wundertäter hat wenig mit den Notleidenden zu tun.

8 Glauben und Vertrauen spielen beim Wunder eine wichtige Rolle.

9 Durch das Wunder wird der Geheilte in die Gemeinschaft der Menschen aufgenommen.

Ordne die Textkarten in die Tabelle ein.

Außerbiblische Wunder	Wunder Jesu

© 2019, Vandenhoeck & Ruprecht GmbH & Co. KG, Göttingen / www.v-r.de

M1 3. Moderne Wundergeschichten

Philipp, das Rechenwunder

Philipp zuckt zusammen. Wieder hat ihn Herr Spieß „Rechenwunder" genannt. Andere wären vielleicht stolz auf diesen Titel gewesen. Er aber nicht. Philipp hat so seine Probleme mit Mathe. Eigentlich ist es ja schön, rechnen zu können. In der ersten Klasse hat ihm das auch noch Spaß gemacht. Aber dann lief es nicht mehr so gut. Philipp machte Faselfehler, verdrehte Zahlen, vergaß Ziffern. Seine Ergebnisse waren meistens falsch. Nicht, weil er nicht rechnen konnte, sondern weil er immer ganz dumme Fehler machte. Jetzt in der dritten Klasse steht es ganz schlimm: wegen Mathe versetzungsgefährdet. [...] Alles hängt von einer letzten, entscheidenden Mathearbeit ab. Sie müsste mindestens eine Zwei werden, wenn er den Sprung in die vierte Klasse schaffen will. Ob er in drei Wochen so viel lernen kann? Irgendwie fehlt ihm der Durchblick, so eine Art „Aha-Erlebnis". Dann würden sich die Zahlen und Rechenzeichen vielleicht ordnen, so dass immer etwas Sinnvolles herauskommt. Leider trägt Herr Spieß nicht gerade zu einem Durchblick bei. Philipp hat den Eindruck, dass sich der Lehrer besonders um die Mitschüler kümmert, die gut in Mathe sind. Mit ihnen macht er tolle Rechenexperimente. Sie finden ihn auch großartig – keine Kunst! Doch Philipp kann das ganz und gar nicht so sehen. Immer wenn Herr Spieß eine Mathearbeit zurückgibt, verziehen sich seine Mundwinkel so eigenartig nach oben. Dann kommt das Wort „Rechenwunder" – und immer die gleiche Begründung: Seine Ergebnisse seien so wunderlich, dass sie mit logischem Denken nichts zu tun hätten. Philipp fühlt sich abgeschrieben. Nach der nächsten Klassenarbeit wird es feststehen: Er bleibt sitzen. Am folgenden Tag beginnt der Unterricht ganz ungewöhnlich. Die Schulleiterin steht mit einer Lehrerin vor der Klasse und erklärt, dass es eine Veränderung geben wird. Herr Spieß müsse plötzlich an seine frühere Schule zurück und dafür werde Frau Trautwein nun den Mathematikunterricht übernehmen. Sie sei extra zwei Monate früher aus dem Erziehungsurlaub zurückgekommen. Die Schüler sollten nett und freundlich zu ihr sein. Die erste Mathestunde mit ihr ist für Philipp wie ein Traum – aber diesmal ein sehr schöner. Frau Trautwein erzählt von Menschen, die etwas ausrechnen müssen, weil sie einkaufen gehen, die Wohnung renovieren oder einen Garten anlegen wollen. Die Zahlen und Rechenzeichen bekommen plötzlich einen Sinn. Die Ergebnisse leuchten ein. Philipp hat das erste Mal Lust auf Rechnen! Frau Trautwein hat sich schnell einen Überblick über die Klasse verschafft und weiß, dass es bei Philipp auf der Kippe steht. So wendet sie sich ihm im Unterricht besonders zu. Sie stellt ihm eigene Aufgaben, hat Geduld, wenn er etwas länger braucht, erklärt es auch mehrmals. Wenn Philipp eine Aufgabe richtig löst, dann lächelt sie – und dieses Lächeln ist ein völlig anderes, als er es bisher gewohnt war. Und sein Herzklopfen, das er davon manchmal bekommt, ist auch ein anderes. Nun ist es soweit. Die letzte entscheidende Mathearbeit ist geschrieben. Die Klasse sitzt aufgeregt im Raum und wartet darauf, dass Frau Trautwein die Arbeiten zurückgibt. Als sie zu Philipp kommt, sieht er es schon an ihrem Gesicht. Es ist das Lächeln, das neue Lächeln. Unter der Arbeit steht eine „2+" und ein großes Lob! Frau Trautwein erklärt dazu, dass seine Versetzung nun nicht mehr gefährdet sei, weil er in letzter Zeit so wunderbare Fortschritte gemacht habe. Philipp zuckt bei dem Wort „wunderbar" unbewusst zusammen. Doch das wird von jetzt ab nicht mehr nötig sein. Richtige Wunder sind eben etwas ganz Großartiges.

Biewald, Roland: Wunder und Wundergeschichten, Evangelische Verlagsanstalt Leipzig 2002, S. 87.

1. Beschreibe Philipps Problem.
2. Denke dir noch andere als die im Text beschriebenen Lösungen aus.
3. Worin zeigt sich das „Wunder" in dieser Geschichte?
4. Handelt es sich überhaupt um ein Wunder? Nimm Stellung.

3. Moderne Wundergeschichten | M2

Wunderbare Heilung einer Krebskranken

Ein Klinikpfarrer aus Halle schreibt über seine Tätigkeit:

In einem Fall erklärte der zuständige Arzt mir vorher, dass eine 32jährige Arbeiterin aus Eisleben an einer Krebsgeschwulst litte und bald sterben werde... Als ich an das Bett dieser Arbeiterin trat, verlangte sie, dass ich darum beten möchte, dass sie bald gesund würde. Ich fragte sie, warum ich ausdrücklich darum beten sollte. Sie antwortete: „Mein Mann und meine zwei Kinder haben mich so nötig." Die Schlichtheit und Naivität dieser Erklärung hat mich tief ergriffen. In einem kurzen Augenblick wurde mir bewusst, wie weit aller akademische Unterricht von jedem wirklichen Durchstehen einer schweren Lebenssituation entfernt war. Ich stand zwischen Mensch und Gott, zwischen menschlichem Wissen und Gottes Gebot und Verheißung... So kniete ich in dem Saal nieder und nahm Gottes Gebot und Verheißung ganz ernst. Ich betete um das Gesundwerden dieser Frau. Ich schloss das Gebet mit dem Vaterunser, und dieses Gebet beruhigte mich und gab mir inneren Frieden, dass ich recht gehandelt hätte... Nach 14 Tagen kam ich wieder auf die Station und traf den Arzt und fragte ... nach der Arbeiterfrau aus Eisleben, 32 Jahre, zwei Kinder, zweites Bett links in der langen Reihe. Da sagte der Arzt: In diesem Fall wisse er nicht, was geschehen sei: Die Frau laufe fröhlich herum und sei vollständig gesund geworden. Man finde keine Spuren.

Aus: Otto Michel, Anpassung oder Widerstand. © 1989 SCM R. Brockhaus im SCM-Verlag GmbH & Co. KG, Witten

1. Überlege, welche Fragen und Empfindungen in dem Klinikpfarrer nach der Bitte der Frau vorgehen.
2. Beschreibe den Anteil der Frau am Wunder.
3. Der Pfarrer denkt vermutlich an Gottes Gebot und Verheißung „Bittet, so wird euch gegeben; sucht, so werdet ihr finden; klopft an, so wird euch geöffnet." (Mt 7,7). Glaubst du, dass Gott – wie in diesem Fall – immer unsere Bitten in Notlagen erfüllt?

M3 | 3. Moderne Wundergeschichten

Wunder in Lourdes

Der beliebte französische Wallfahrtsort, wo seit 1858 eine wundertätige Quelle sprudelt, wird jährlich von rund fünf Millionen frommen Pilgern besucht, 70.000 sind Schwerkranke. Von April bis Oktober sind ihre Gebete jeden Nachmittag um halb fünf auf dem weiten Platz „Esplanade" vor drei übereinander liegenden Kirchen zu hören: „Herr, mach, dass ich sehe; Herr, mach, dass ich gehe; Herr, mach, dass ich dein Wort höre."

Kranke, die sich danach geheilt fühlen, kontaktieren das „Medizinische Büro" in Lourdes: eine kirchliche Institution, die seit 1882 Ordnung in Gottes überraschende Kraftbeweise bringt. Für unerklärliche Heilungen – pro Jahr derzeit 15 bis 25, seit 1858 zusammen rund 4.000 – wird ein Dossier angelegt. Darüber brütet dann, oft jahrelang, ein 23-köpfiges internationales Ärztekomitee, das medizinische Befunde aller behandelnden Mediziner des Geheilten hinzuzieht. [...]

Seit 1858 hat die Kirche lediglich 65 Lourdes-Heilungen offiziell als Wunder anerkannt. [...]

Das Ärztekomitee von Lourdes will die Nachfrage nicht wider besseres Wissen befriedigen. Vor dessen strengen Augen finden derzeit fast nur die gänzlich unerklärlichen Heilungen schwerstkranker Krebspatienten Gnade; Kritiker halten diese Fälle lediglich für „Spontanheilungen", wie sie von Medizinern immer wieder beobachtet werden. Der vereidigte Experte Theiß glaubt, dass in Lourdes „die eigentliche wunderbare Veränderung im Herzen des Pilgers" geschieht. [...]

Hans Halter, Heiligenscheine vom Fließband, in; Der SPIEGEL 51/2000, S. 130 ff.

1. Aus welchen Gründen pilgern so viele Menschen nach Lourdes?
2. Beschreibe die Aufgaben des „Medizinischen Büros".
3. Nenne die drei Erklärungsmöglichkeiten für die Wunder in Lourdes.
4. Glaubst du, dass Gott heute Krankheiten durch einen direkten Eingriff heilt?

4. Begriffsklärung | M1

Begriffe für Wunder in der Bibel

Für den Begriff „Wunder" werden im Neuen Testament drei verschiedene Wörter verwendet. Häufig finden sich drei Begriffe:

| Zeichen

griechisch *semeion*
(lateinisch signum)

vgl. Signal, Signatur, Segen | Eine von Jesus vollbrachte Handlung, die als Wunder Gottes angesehen wird. | Mt 11,2–6 |

| Machttat

griechisch *dynamis*

vgl. Dynamo, Dynamit, Dynamik | Es wird auf etwas Großes hingewiesen, das in der Zukunft eintritt: das Reich Gottes. | Joh 2,1–12 |

| Werk

griechisch *ergon*

vgl. Ergotherapie, Ergonomie | Die Wunder Jesu werden in der Kraft Gottes gewirkt. Jesus zeigt die heilende Macht Gottes. | Mk 6,1–6a |

Ordne den Begriffen die richtige Erklärung und die passende Bibelstelle zu.

M2 | 4. Begriffsklärung

Grundzüge biblischer Wundergeschichten

Einige Pharisäer kamen zu Jesus und fingen an, mit ihm zu diskutieren. Weil sie ihn auf die Probe stellen wollten, verlangten sie von ihm ein Zeichen vom Himmel als Beweis dafür, dass er wirklich von Gott beauftragt sei. Jesus stieß einen Seufzer aus und sagte: „Wieso verlangen diese Leute einen Beweis? Ich sage euch: Diese Generation bekommt nie und nimmer einen Beweis." Dann ließ er sie stehen, stieg wieder ins Boot und fuhr ans andere Seeufer.

Mk 8,11–13

Jesus verweigert Zeichen als Beweis.

Die Schwestern ließen Jesus mitteilen, „Dein Freund ist krank". Als Jesus das hörte, sagte er: „Die Krankheit wird nicht zum Tod führen, sondern zeigen, wie mächtig Gott ist".

Joh 11,3.4a

Jesus verhindert das öffentliche Bekanntmachen von Wundern.

Er aber sagte zu ihr: Meine Tochter, dein Glaube hat dir geholfen. Geh in Frieden! Du sollst von deinem Leiden geheilt sein.

Mk 5,34

Jesus will im Wunder die Macht Gottes zeigen.

Im gleichen Augenblick verschwand der Aussatz, und der Mann war rein. Jesus schickte ihn weg und schärfte ihm ein: Nimm dich in acht! Erzähl niemand etwas davon ...

Mk 1,42–44a

Jesus verkündet mit den Wundern das Reich Gottes.

Wenn ich aber die Dämonen durch den Geist Gottes austreibe, dann ist das Reich Gottes schon zu euch gekommen.

Mt 12,28

Jesus betont den Glauben als Beitrag zum Wunder.

Und er sagte zu dem Gelähmten: Ich sage dir: Steh auf, nimm deine Tragbahre, und geh nach Hause! Im gleichen Augenblick stand der Mann vor aller Augen auf. Er nahm die Tragbahre, auf der er gelegen hatte, und ging heim, Gott lobend und preisend.

Lk 5,24b.25

Jesus ermöglicht dem Geheilten die Rückkehr in die menschliche Gemeinschaft.

Jesus bringt die Menschen mit seinen Wundern zum Lob Gottes.

Verbinde die Schriftstellen mit den dazu gehörenden Sätzen.

© 2019, Vandenhoeck & Ruprecht GmbH & Co. KG, Göttingen / www.v-r.de

Und sie wunderten sich ...

II. Arten von Wundern im NT

Methodisch-didaktische Hinweise zu den Materialien

Auch wenn die Heilungswunder Jesu keine medizinischen Berichte, sondern wie die anderen Wunder vom Glauben der Gemeinde geprägt sind, ist unbestritten, dass Jesus Heilungswunder gewirkt hat. Sechsmal wird in den Evangelien von einer Blindenheilung erzählt (so häufig wie von keinem anderen Wunder).

5 Heilungswunder

M1–3 beschäftigen sich mit zwei biblischen Blindenheilungen, mit M4–6 wird eine aktualisierende Vertiefung versucht.

Die einzige Aufgabe in **M1** setzt bereits eine Grundkenntnis der Wunder Jesu aus Kapitel I voraus, damit die Lerngruppe an die Wundertätigkeit Jesu anknüpfen kann. Die Lehrkraft kann auf die Besonderheiten biblischer Wundergeschichten hinweisen (Abschnitt 2, M3). Nur in den Wundererzählungen Mk 10,46–52 und Lk 18,35ff. heilt Jesus mit Worten und innerhalb eines Glaubensdialogs. Auf die Rolle des Glaubens zielen in **M2** die zweite und die vierte Aufgabe. Die aufsteigende Linie zeigt eine Dramatik in der Begegnung des Blinden mit Jesus, die in Jesu Wort „Dein Glaube war deine Rettung" gipfelt (zum Aufgerichtetwerden durch das Wunder vgl. Abschnitt 10, M1). Für die erste Aufgabe könnten folgende Verben gefunden werden: Bartimäus: saß am Weg, bettelte, hörte, fing an zu schreien, rief lauter, ließ seinen Mantel liegen, sprang auf, ging zu Jesus, sagt: ich will sehen, konnte wieder sehen, schloss sich Jesus an, folgte ihm. Die Leute: fuhren ihn an.

In **M3** kommt es zu einem kleinen synoptischen Vergleich mit einer Blindenheilung in Mt 20,29–34. In der ersten Aufgabe könnten folgende Gemeinsamkeiten genannt werden: Die Blinden schreien an gegen die Menge, bitten um Erbarmen, Jesus wird als „König" bezeichnet, Jesus bleibt stehen und fragt, was er tun soll, Blinde bitten um Heilung, Jesus heilt, die Geheilten folgen Jesus nach. Die Unterschiede liegen in der Art der Heilung: In Mk 10,46–52 heilt Jesus mit Worten und betont den Glauben des Blinden als Grund der Rettung, während er in Mt 20,29–34 wie auch in den sonstigen Blindenheilungen die Augen des Blinden berührt (oder die Hände auflegt). Der explizite Glaube spielt hier keine Rolle, allerdings kann im Flehen um Erbarmen eine Vertrauenshaltung des Blinden Jesus gegenüber gesehen werden. Durch das Interview mit dem blinden Emil S. in **M4** soll ein Gegenwartsbezug zur Heilung des blinden Bartimäus hergestellt werden, auch wenn Emil S. keine Heilung erfahren hat. Seine Wundererfahrungen sind: Hilfen, Heirat, Sohn und Enkel, Arbeitsleben. Interessant ist die dritte Aufgabe mit der Frage nach dem Glauben. Der Glaube macht ihn dankbar, hilft sein Leben in positivem Licht zu sehen, lässt Klagen gegenüber Gott zu. **M5** ist eine kleine phänomenologische Sehschule, um die Schülerinnen und Schüler auf das meistens ohne Überlegung vollzogene Sehen aufmerksam zu machen. Dieses Material kann auch vor der Behandlung der Blindenheilungen eingesetzt werden und bietet mit dem Ausschneiden einen kleinen Ruhepol im textorientierten Unterricht an. **M6** ist eine visuelle Vertiefung mit drei unterschiedlichen Bildern zur Blindenheilung. Während die erste Aufgabe ein genaues Hinsehen einfordert, zu dem einige Lernhilfen gegeben werden, fokussiert die zweite nur auf den Gesichtsausdruck der Blinden in den Bildern, der jeweils wie folgt gedeutet werden könnte: Bei Rembrandt erwartungsvoll, gelassen, vertrauend. Im Evangeliar: flehend, auch mit dem Gesicht und mit den Händen ganz Jesus zugewendet. Bei R. Hammerstiel zutraulich, ergeben, flehentlich. Die dritte Aufgabe versucht noch einmal die Verbindung zum Ausgangstext Mk 10,46–52 herzustellen, wobei sich das Bild von R. Hammerstiel trotz seiner Intensität in der Umarmung wohl am weitesten vom Text entfernt. Bei Rembrandt scheint Jesus die Augen des Blinden zu berühren und entspricht eher Mt 20,29–34, während im Evangeliar das Vertrauen zu Jesus trotz der körperlichen Distanz am deutlichsten zum Ausdruck kommt.

6 Speisungswunder

Es wird ein schwieriges Wunder aus der Gattung der sog. Naturwunder dargestellt. Das sind Wunder, in denen Jesus unmittelbar in die Natur eingreift. Dass diese in der Logienquelle und in der ganzen Wortüberlieferung fehlen, ist bereits ein erster Hinweis darauf, dass sie nicht geschichtlich zu verstehen sind. Es handelt sich um „theologische Lehrerzählungen, die hochgradig durch alttestamentliche oder hellenistische Wundertraditionen beeinflusst sind." (B. Kollmann) Dieser Tatsache trägt bereits M1 Rechnung, wo dem bekanntesten Speisungswunder Mk 8,1–10 der alttestamentliche Hintergrund aus Ex 16,12–15 gegenübergestellt wird. Die dritte Aufgabe leitet mit der Frage nach den historischen Unwahrscheinlichkeiten zu M2 über. Mit diesem Material wird die Frage nach der Geschichtlichkeit des Wunders gestellt und gleichzeitig seine theologische Absicht herausgearbeitet.

Sicher wäre auch ein Vergleich mit dem Brotwunder des Elischa, der 100 Menschen mit 20 Broten sättigt, möglich (2 Kön 4,42–44). Das Speisungswunder Jesu ist eine Glaubensgeschichte (vgl. zweite Aufgabe), da in ihr der Glaube zum Ausdruck kommt, Gott werde sein Volk in der Not nicht allein lassen.

In der neuen Welt Gottes werden die Hungernden satt (Lk 6,21) werden. Außerdem war die Erinnerung an tatsächliche Mahlzeiten Jesu mit seinen Jüngern noch sehr lebendig, besonders sein letztes Mahl vor seinem Tod. Mit M3 sollen die Schülerinnen und Schüler kreativ weiterschreiben und in Entsprechung zum Brotwunder Jesu ein Zeitwunder erfinden. Das Gebet M4 thematisiert gut verständlich die Frage des Umgangs mit unserer Zeit und bittet Gott um den rechten Umgang mit ihr, damit sie zu einer erfüllten Zeit wird. Mit der zweiten Aufgabe werden die Schülerinnen und Schüler zu einer ersten Reflexion über die Zeit angeregt.

7 Rettungswunder

Hier steht die Errettung aus einer schweren Notlage im Mittelpunkt. In der Antike wurde die Natur oft als eine personifizierte, feindliche Macht erlebt, belebt von Dämonen und bösen Geistern. Daher wird der Sturm von Jesus wie bei einer Dämonenaustreibung bedroht und zum Schweigen aufgefordert. Mögliche Lösungen für die erste Aufgabe sind: starker Sturm: großer Windwirbel und Wellen; große Stille: der Wind legte sich. Mit der zweiten und dritten Aufgabe von M1, in der das Wunder auf unsere gegenwärtigen Lebenssituationen bezogen wird, wird deutlich, dass es sich bei der Sturmstillung um eine Glaubensgeschichte handelt. In der Not und Angst einer bedrohlichen Lebenssituation erfahren Menschen Rettung, die auf Jesus Christus gläubig vertrauen. Für die Entstehung dieser Wundergeschichte bilden die Bootsfahrten Jesu über den manchmal stürmischen See Genezareth und die alttestamentliche Jonageschichte den traditionsgeschichtlichen Hintergrund. Mögliche Antworten für die Schreibfelder: Lebenssituationen, entsprechend dem „starken Sturm": Angst vor Klassenarbeiten, Trennung der Eltern, Zerbrechen von Freundschaften usw. Lebenssituationen, entsprechend der „großen Stille": Gelassenheit, Ruhe, Dankbarkeit für eine Errettung. Wir: ängstlich, ratlos, verzweifelt.

Das Bild von H.-G. Anniès in M2 stellt die Erzählung der Sturmstillung dar und vertieft so M1. In der ersten Aufgabe beschreiben die Schülerinnen und Schüler das Bild, während die zweite Aufgabe über den biblischen Text hinausgeht: Die vier Gestalten im unteren Bildteil weisen mit einer Hand auf das Wundergeschehen hin. Sie sind nicht unmittelbar bedroht, haben aber evtl. Rettung und die Wundergeschichte als Glaubensermutigung erfahren. Mit der dritten Aufgabe wird eine Aktualisierung versucht.

M3 stellt sich der Frage, warum es in der Natur zu solchen Katastrophen wie z.B. in Haiti 2010 kommt. Es handelt sich dabei um eines der schwierigsten Probleme der Theodizeefrage, weil das Leid der Menschen in der Natur nicht auf die Freiheit des Menschen zurückgeführt werden kann, sondern in den Strukturen der Natur selbst liegt. Die vorsichtige Antwort versucht zu verdeutlichen, dass wir in einer Werdewelt leben, die neben den für Menschen dienlichen Entwicklungen auch negative Folgen wie Erdbeben und damit große Zerstörungen mit sich bringt. Der Text beansprucht nicht, die Theodizeefrage in der Frage des Naturleides zu beantworten, sondern versucht altersgemäß eine Antwort in dem Bewusstsein, dass die Schülerinnen und Schüler und die Lehrkraft diese Antwort evtl. nicht akzeptieren können. Bei den Naturwundern in der Bibel kann dieser Frage heute nicht mehr ausgewichen werden.

8 Totenauferweckung

Hier wird eine der drei Totenauferweckungen des Neuen Testamentes angesprochen, ohne auf die historische Frage einzugehen. Dramatisch ist die Schilderung des Todes der Tochter des Jairus, da das Mädchen noch vor der Heiratsfähigkeit und sehr jung gestorben ist. Traditionsgeschichtlich sind Anklänge an das Elisawunder, 2 Kön 4,18–37, zu finden. Entscheidend ist der Osterglaube in dieser Geschichte, dass alle Totenauferweckungen Jesus als Sieger über die Macht des Todes darstellen wollen. M1 versucht mit der ersten Aufgabe den Text zu erschließen und mit der zweiten durch die Gestaltung eines Farbverlaufs einen kreativen Zugang.

In M2 wird ein vertiefender Zugang zur Auferstehungsbotschaft versucht. Der Tod hat nicht das letzte Wort in unserem Leben, sondern wird als „Botschaft eines Sieges" verstanden, der in verschiedenen Bildworten beschrieben wird. Die ersten beiden Aufgaben versuchen einen eher emotionalen Zugang, während die dritte und vierte Aufgabe durch die Antwort auf eine Frage, die die Schülerinnen und Schüler im Text markieren, einen eher rationalen Zugang bieten.

M3 ist eine klare Zusammenfassung zu den Auferweckungswundern Jesu und stellt gleichzeitig die Differenz zur Auferweckung Jesu heraus (erste Aufgabe). Die Auferweckung Jesu allein ist der endgültige Sieg Gottes über den Tod. Der christliche Gott ist ein Gott des Lebens. In der zweiten Aufgabe sollen sich die Schülerinnen und Schüler mit ihren eigenen Vorstellungen zu einem Leben nach dem Tod auseinandersetzen.

M1 | 5. Heilungswunder

Der blinde Bartimäus (Mk 10,46–52)

Jesus und seine Jünger kamen nach Jericho.
Als sie die Stadt soeben verlassen hatten, er, seine Jünger und eine große Menschenmenge, saß ein Blinder am Weg. Er hieß Bartimäus und bettelte. Als er hörte, Jesus, der Mann aus Nazareth, komme vorüber, fing er an zu schreien: Jesus, du König Israels, kümmere dich um mich! Die Leute in seiner Nähe fuhren ihn an, er solle den Mund halten. Er rief aber um so lauter: Du König Israels, hab Erbarmen mit mir!

A

Da blieb Jesus stehen und sprach: Holt ihn her! Und sie holten ihn: Steh auf! Fasse Mut! Er ruft dich!	Da zögerte Jesus und blickte sich nach dem Blinden um. Wer ist dieser, dass er so schreit? Sagt ihm doch, er solle sich beruhigen.	Da blieb Jesus stehen und schaute rings umher. Es waren aber viele Neugierige hinzugekommen. Und Jesus beeilte sich aus der Stadt zu kommen.

Der blinde Bartimäus ließ seinen Mantel liegen, sprang auf und ging zu Jesus. Der fragte ihn: Was willst du? Soll ich etwas tun? Meister, war die Antwort, ich will sehen!

B

Und Jesus schaute den Blinden lange an, streute ihm Sand auf die Augen, schaute zum Himmel und blies ihm den Sand wieder von den Augenlidern. Da öffnete der Blinde die Augen und sah.	Jesus rief alle Umstehenden zu sich und sprach: Seid ruhig. Ich zeige euch meine Macht. Ich werde auch ihn heilen. Und er ließ den Blinden vor sich knien. Da öffnete der Blinde die Augen und sah.	Jesus erfüllte ihm die Bitte und sprach: Geh! Dein Glaube war deine Rettung. Daraufhin konnte er wieder sehen.

Bartimäus schloss sich Jesus an und folgte ihm auf dem Weg.

Entscheide dich bei A und B für eine der drei Fortsetzungen. Begründe deine Auswahl.

© 2019, Vandenhoeck & Ruprecht GmbH & Co. KG, Göttingen / www.v-r.de

Arten von Wundern im NT

5. Heilungswunder | M2

Handlungsablauf des Wunders

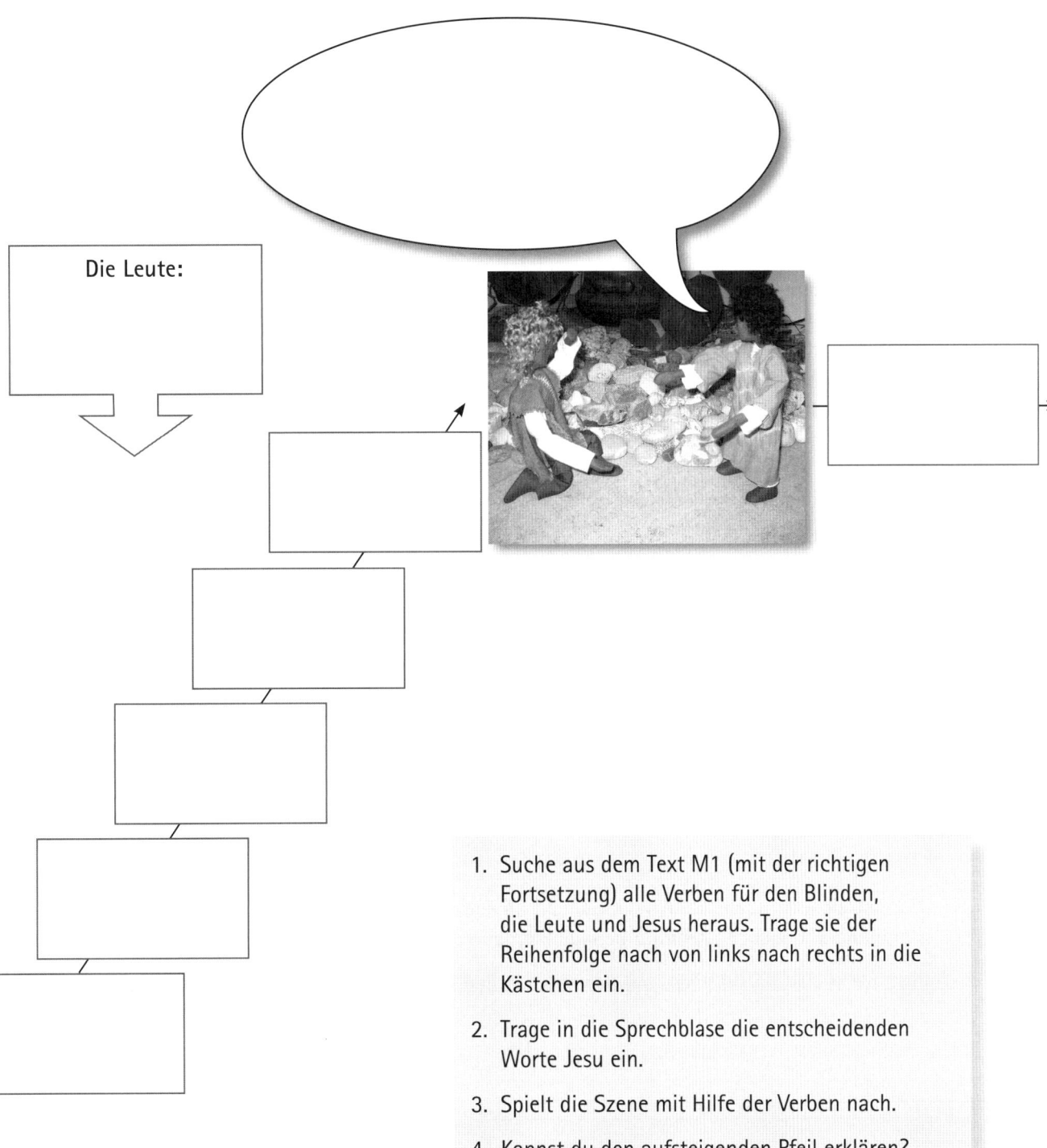

1. Suche aus dem Text M1 (mit der richtigen Fortsetzung) alle Verben für den Blinden, die Leute und Jesus heraus. Trage sie der Reihenfolge nach von links nach rechts in die Kästchen ein.

2. Trage in die Sprechblase die entscheidenden Worte Jesu ein.

3. Spielt die Szene mit Hilfe der Verben nach.

4. Kannst du den aufsteigenden Pfeil erklären?

© 2019, Vandenhoeck & Ruprecht GmbH & Co. KG, Göttingen / www.v-r.de

M3 | 5. Heilungswunder

Vergleich zweier Blindenheilungen

Markus 10, 46–52

⁴⁶Jesus und seine Jünger kamen nach Jericho. Als sie die Stadt soeben verlassen hatten, er, seine Jünger und eine große Menschenmenge, saß ein Blinder am Weg. Er hieß Bartimäus und bettelte.
⁴⁷Als er hörte, Jesus, der Mann aus Nazareth, komme vorüber, fing er an zu schreien: Jesus, du König Israels, kümmere dich um mich!
⁴⁸Die Leute in seiner Nähe fuhren ihn an, er solle den Mund halten. Er rief aber um so lauter: Du König Israels, hab Erbarmen mit mir!
⁴⁹Da blieb Jesus stehen und sprach: Holt ihn her! Und sie holten ihn: Steh auf! Fasse Mut! Er ruft dich!
⁵⁰Der blinde Bartimäus ließ seinen Mantel liegen, sprang auf und ging zu Jesus.
⁵¹Der fragte ihn: Was willst du? Soll ich etwas tun? Meister, war die Antwort, ich will sehen!

⁵²Jesus erfüllte ihm die Bitte und sprach: Geh! Dein Glaube war deine Rettung. Bartimäus schloss sich Jesus an und folgte ihm auf dem Weg.

Matthäus 20,29–34

²⁹Als sie Jericho verließen, folgte ihm eine große Zahl von Menschen.
³⁰An der Straße aber saßen zwei Blinde, und als sie hörten, dass Jesus vorbeikam, riefen sie laut: Herr, Sohn Davids, hab Erbarmen mit uns!
³¹Die Leute aber wurden ärgerlich und befahlen ihnen zu schweigen. Sie aber schrien noch lauter: Herr, Sohn Davids, hab Erbarmen mit uns!

³²Jesus blieb stehen, rief sie zu sich und sagte: Was soll ich euch tun?

³³Sie antworteten: Herr, wir möchten, dass unsere Augen geöffnet werden.

³⁴Da hatte Jesus Mitleid mit ihnen und berührte ihre Augen. Im gleichen Augenblick konnten sie wieder sehen, und sie folgten ihm.

---

1. Unterstreiche mit zwei Farben die Gemeinsamkeiten und Unterschiede. Achte dabei auf die Handlung und nicht so sehr auf genaue Formulierungen.
2. Beschreibe den Unterschied, wie sich Jesus in den beiden Geschichten den Blinden zuwendet.

5. Heilungswunder | M4

Interview mit einem Blinden

Emil S., 90 Jahre, ab dem 7. Lebensjahr zunehmend sehbehindert, seit dem 50. Lebensjahr völlig erblindet, lebt seit dem Tod seiner Frau vor 25 Jahren allein in seiner Wohnung; sein Sohn, die Schwiegertochter und zwei Enkelkinder leben ebenfalls im Haus.

Wie kommen Sie im Alltag zurecht?
Ich bin sehr froh, dass ich im Haus vieles selbst erledigen kann. So putze ich meine Wohnung und das Treppenhaus selbst und halte alles in Ordnung. Alles muss eben seinen Platz haben. Manchmal passe ich nicht auf, z. B. wo ich beim Heimkommen meinen Hut hinlege, wenn gleich ein Telefonanruf dazwischenkommt. Dann wirst du hinterher gestraft mit der Sucherei. Kochen muss ich nicht; Gott sei Dank gibt es ‚Essen auf Rädern', da bin ich sehr dankbar. Wenn mir mal jemand spült, dann räum' ich selber auf, sonst find ich nachher die Sachen in den Schränken nicht mehr. Es gibt heutzutage viele Hilfen. Ganz wichtig sind die sprechende Uhr, das sprechende Thermometer und die sprechende Waage. Regelmäßig bekomme ich eine Tonkassette vom Blindenverein, wo auch 10-Tage-Zusammenfassungen der Zeitung aufgesprochen sind. Was grad das Neueste ist, hör' ich im Radio.

Haben Sie sich mit Ihrer Blindheit abgefunden? Empfinden Sie das Blindsein als Last?
Also ich habe nie gedacht: „Warum ich?" Ich habe die Blindheit angenommen. Das war nicht einfach. Besonders in jungen Jahren, wo ich ja auch nur noch einen geringen Sehrest hatte, war's schon hart. Als Last? Ich hab die negativen Sachen vergessen, aber auch wenig erlebt.

Die Erfahrungen mit anderen Menschen waren vermutlich sehr unterschiedlich.
In der Schule bin ich schon benachteiligt gewesen; manche Lehrer haben mich einfach übergangen. Heute wär' das mit den Spezialschulen sicher besser. In der Blindenschule habe ich dann später viel gelernt: das Gehen mit dem Langstock zum Beispiel, und auch die Korbmacherei. Dadurch konnte ich mit abgeschlossener Ausbildung einen Arbeitsplatz finden, wo ich immer gute Kollegen hatte und Meister, die mit mir zufrieden waren.

    Geärgert hat mich allerdings, wenn mir Gesunde schnell mal so fromme Sachen als Trost sagten wie „Gott weiß schon, was gut ist". Das finde ich sehr gedankenlos dahergesagt.

Sie sind ein gläubiger Mensch. Was geht in Ihnen vor, wenn Sie an eine biblische Wundergeschichte denken?
Obwohl ich keine Blindenheilung erfahren habe, habe ich viele Wunder erlebt. Es ist ein Wunder, dass ich heiraten und einen Sohn und jetzt Enkel haben konnte. Ich war im Arbeitsleben – und die vielen Hilfen, die es jetzt gibt, das sind doch alles Wunder. Diese Wunder muss man aber auch erkennen, dann kann man dankbar sein. Mein Glaube hat mir geholfen, mein Leben in einem positiven Licht zu sehen, aber auch gezeigt, dass man zu Gott klagen kann. Not lehrt beten, sagt man, aber sie lehrt auch fluchen. Es war mir immer schon eine Beruhigung, dass Jesus abgelehnt hat, in der Blindheit eine Strafe für Sünde zu sehen.

---

1. Stelle positive und negative Erfahrungen in Stichworten einander gegenüber.
2. Notiere in kurzen Sätzen die „Wunder", von denen Emil S. spricht.
3. Erläutere, welche Rolle der Glaube bei Emil S. spielt.

M5 5. Heilungswunder

Mein Blickfeld

Mein Freund
Ein schwieriger Mitschüler
Meine Schwester
Verschmutztes Klassenzimmer
Schulweg
Kranke Frau des Hausmeisters
Hungernde Familie im Jemen
Nachrichtensendung im Fernsehen
Blumen und Bäume
Flugzeug am Himmel
Käfer am Wegrand
Verkehrsschilder
CD-Player im Klassenzimmer

Fliege am Fenster
Wohnzimmerteppich
Nachbarn
Busfahrer
Songtexte
Werbung am Straßenrand
Meine Großeltern

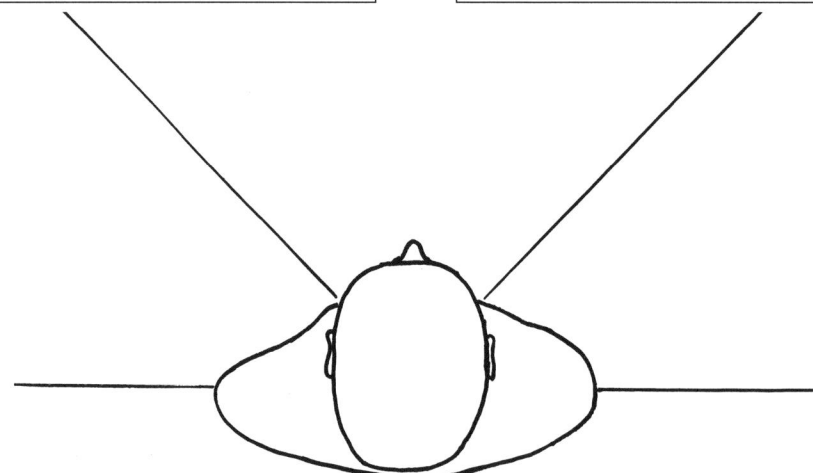

1. Die Liste stellt einige Personen, Dinge und Situationen aus dem Alltag vor. Kennzeichne, was dir davon in letzter Zeit ins Blickfeld kam.

2. Schneide die Blickfeld-Skizze aus und klebe sie in die Mitte eines leeren Blattes. Schneide dann die Textkarten aus und überlege, was du in der Mitte des Blickfelds, am Rand oder außerhalb einkleben willst.

3. Ergänze in den leeren Textkarten eigene Personen, Dinge und Situationen und klebe sie dazu.

© 2019, Vandenhoeck & Ruprecht GmbH & Co. KG, Göttingen / www.v-r.de

Arten von Wundern im NT

5. Heilungswunder | M6

Bilder zur Blindenheilung

Rembrandt, Die Heilung des Blinden, 1659

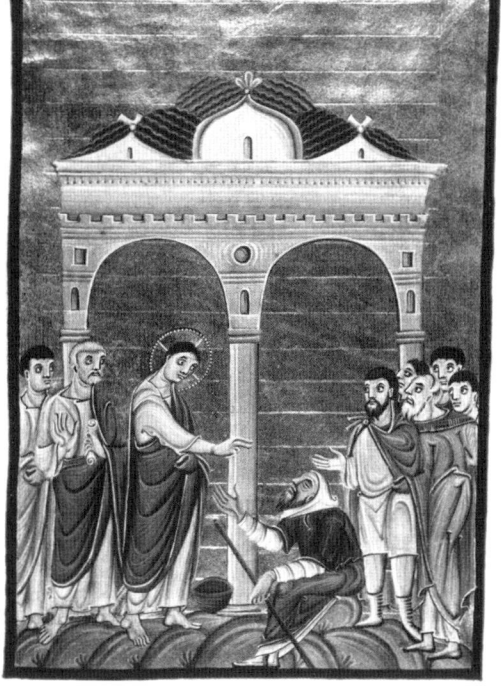

Evangeliar Ottos III, um 990 n. Chr.

Robert Hammerstiel, Jesus heilt den Blinden

1. Beschreibe Jesus, den Blinden und die Umgebung bei jedem Bild einzeln. Achte bei den Personen auf das Gesicht, die Hände und die gesamte Haltung.
2. Deute den Gesichtsausdruck des Blinden in den drei Bildern ausführlicher.
3. Vergleiche die Bilder mit der Blindenheilung in Mk 10,46–52 (M1), indem du Ähnlichkeiten und Unterschiede zum Text herausarbeitest. Überlege, welches Bild am besten zum Text passt.

© 2019, Vandenhoeck & Ruprecht GmbH & Co. KG, Göttingen / www.v-r.de

M1 | 6. Speisungswunder

Vergleich Ex 16,12–15 / Mk 8,1–10

Ex 16,12–15

Ich habe das Murren der Israeliten gehört. Sage ihnen: Gegen Abend sollt ihr Fleisch zu essen haben und am Morgen von Brot satt werden und sollt innewerden, dass ich, der HERR, euer Gott bin.

Und am Abend kamen Wachteln und bedeckten das Lager. Und am Morgen lag Tau rings um das Lager. Als der Tau weg war, siehe, da lag's in der Wüste rund und klein wie Reif auf der Erde. Und als es die Israeliten sahen, sprachen sie untereinander: Man hu?* Denn sie wussten nicht, was es war. Mose aber sprach zu ihnen: Es ist das Brot, das euch der HERR zu essen gegeben hat.

Mk 8,1–10

Zu der Zeit, als wieder eine große Menge da war und sie nichts zu essen hatten, rief Jesus die Jünger zu sich und sprach zu ihnen: Mich jammert das Volk, denn sie haben nun drei Tage bei mir ausgeharrt und haben nichts zu essen. Und wenn ich sie hungrig heimgehen ließe, würden sie auf dem Wege verschmachten; denn einige sind von ferne gekommen. Seine Jünger antworteten ihm: Wie kann sie jemand hier in der Wüste mit Brot sättigen? Und er fragte sie: Wie viele Brote habt ihr? Sie sprachen: Sieben. Und er gebot dem Volk, sich auf die Erde zu lagern. Und er nahm die sieben Brote, dankte und brach sie und gab sie seinen Jüngern, damit sie sie austeilten, und sie teilten sie unter das Volk aus. Und sie hatten auch einige Fische, und er dankte und ließ auch diese austeilen. Sie aßen aber und wurden satt und sammelten die übrigen Brocken auf, sieben Körbe voll. Und es waren etwa viertausend, und er ließ sie gehen. Und alsbald stieg er in das Boot mit seinen Jüngern und kam in die Gegend von Dalmanuta.

* Sacherklärung: Manna

Der hebräische Name *man* wird durch die Frage der Israeliten erklärt: *man hu?* Was ist das? oder Ist das *man?* Dabei knüpft die Bibel an das in der Wüste Sinai bekannte Wort *mann* an. Es handelt sich dabei um eine Absonderung an den Blättern der Manna-Tamarisken, die durch Stiche von Schildläusen hervorgerufen wird und zu Boden tropft. Der zähflüssige Pflanzensaft härtet in der Nachtkühle aus und kann morgens aufgelesen und zur Nahrung verwendet werden, was bis heute auch geschieht.

---

1. Stelle Gemeinsamkeiten und Unterschiede einander gegenüber.
2. Beschreibe näher die Rolle der Menschen in diesen Wundergeschichten.
3. Nenne die unwahrscheinlichen Vorkommnisse in den Erzählungen.

6. Speisungswunder | M2

Ist das Wunder so passiert?

Wie können die Menschen drei Tage in der Wüste bei Jesus ohne Essen ausharren? Wie kann Jesus mit sieben Broten und einigen Fischen viertausend Menschen satt machen? Wie kann danach mehr Essen übrig sein, als vorher vorhanden war?

Wir werden dem biblischen Text nicht gerecht, wenn wir für diese Fragen natürliche Erklärungen suchen. Dies gilt in gleicher Weise für den wunderbaren Fischzug (Lk 5,1 ff.) und die Verwandlung von Wasser in Wein bei der Hochzeit zu Kana (Jo 2,1 ff.). Diese Wunder werden Geschenkwunder genannt.

Wenn Geschenkwunder auch nicht natürlich erklärt werden können, so haben sie uns doch Wichtiges zur Person Jesu und den Glauben an ihn zu sagen.

Beim Speisungswunder kommen verschiedene Gesichtspunkte zusammen. In der Hebräischen Bibel finden sich besonders zwei wichtige Speisungswunder: Gott speist sein Volk nach dem Auszug aus Ägypten in der Wüste mit Manna (Ex 16,12–15) und der Prophet Elischa speist hundert Menschen auf wundersame Weise (2 Kö 4,42–44). So entstand die Erwartung, Gott werde sein Volk in der Not nicht allein lassen. Die Evangelisten sahen diese Erwartung in Jesus erfüllt.

Verstärkend wirkte Jesu Botschaft vom Reich Gottes, das er mit einem großen Festmahl verglich (Mt 8,11). In dieser neuen Welt Gottes werden die Hungernden satt (Lk 6,21).

Außerdem war die Erinnerung an tatsächliche Mahlzeiten Jesu mit seinen Jüngern noch sehr lebendig, besonders sein letztes Mahl vor seinem Tod. Daraus wird verständlich, dass die Menschen nach Jesu Auferweckung glaubten, dass Jesus sie auf wunderbare Weise speist.

1. Nenne die unwahrscheinlichen Züge der wunderbaren Speisung.
2. Suche drei Gründe, warum im Glauben an Jesus Speisungswunder wichtig sind.

© 2019, Vandenhoeck & Ruprecht GmbH & Co. KG, Göttingen / www.v-r.de

M3|4 6. Speisungswunder

Ein ‚Zeitwunder'

In jenen Tagen waren wieder einmal viele Menschen um Jesus versammelt. Da sie keine Zeit mehr hatten, rief er die Jünger zu sich und sagte: Ich habe Mitleid mit diesen Menschen; sie sind schon drei Tage bei mir und haben keine Zeit mehr. Wenn ich sie jetzt nicht nach Hause schicke, werden sie in Panik geraten; denn einige von ihnen sind von weit her gekommen. Seine Jünger antworteten ihm: Woher soll man in diesen hektischen Tagen Zeit bekommen, um ihnen alles zu verkündigen? Er fragte sie: Wie viel Zeit habt ihr noch? Sie antworteten: Wenig. ...

> Schreibe den Text weiter, sodass ein ‚Zeitwunder' entsteht.
> Gehe dabei an MK 8, 1–10 entlang (siehe Heilungswunder M1), ersetze aber nicht einfach das Wort ‚Brot' durch das Wort ‚Zeit'.

Zeitgedicht

Meine Zeit steht in deinen Händen.
Psalm 31,16

Herr meiner Stunden
und meiner Jahre,
du hast mir viel Zeit gegeben.
Sie liegt hinter mir, und sie liegt vor mir.
Sie war mein und wird mein.
Ich danke dir für jeden Schlag der Uhr und
für jeden Morgen, den ich sehe.

Ich bitte dich nicht,
mir mehr Zeit zu geben.
Ich bitte dich aber,
dass ich mit viel Gelassenheit
jede Stunde füllen kann.

Jörg Zink, Schöpfer meiner Stunden und meiner Jahre

Ich bitte dich,
dass ich ein wenig dieser Zeit
freihalten darf von Befehl und Pflicht,
ein wenig für die Stille,
ein wenig für die Menschen
am Rande meines Lebens,
die einen Tröster brauchen.

Ich bitte dich um Sorgfalt,
dass ich meine Zeit nicht töte,
nicht vertreibe, nicht verderbe.
Jede Stunde ist ein Streifen Land.
Ich möchte ihn aufreißen mit dem Pflug.
Ich möchte Liebe hineinwerfen,
Gedanken und Gespräche,
damit die Frucht wächst.
Segne du meinen Tag.
Amen

Aus: Jörg Zink, Wie wir beten können, Stuttgart 1991

> 1. Gibt es Ähnlichkeiten zu deinem ‚Zeitwunder' (M3)?
> 2. Worin besteht das Wunderbare beim ‚Zeit haben'? Finde Formulierungen dazu im Text.

© 2019, Vandenhoeck & Ruprecht GmbH & Co. KG, Göttingen / www.v-r.de

7. Rettungswunder | M1

Die Stillung des Seesturms (Mk 4,35–41)

Und am Abend desselben Tages sprach er zu ihnen: Lasst uns hinüberfahren. Und sie ließen das Volk gehen und nahmen ihn mit, wie er im Boot war, und es waren noch andere Boote bei ihm. Und es erhob sich ein großer Windwirbel und die Wellen schlugen in das Boot, sodass das Boot schon voll wurde. Und er war hinten im Boot und schlief auf einem Kissen. Und sie weckten ihn auf und sprachen zu ihm: Meister, fragst du nichts danach, dass wir umkommen? Und er stand auf und bedrohte den Wind und sprach zu dem Meer: Schweig und verstumme! Und der Wind legte sich und es entstand eine große Stille. Und er sprach zu ihnen: Was seid ihr so furchtsam? Habt ihr noch keinen Glauben? Sie aber fürchteten sich sehr und sprachen untereinander: Wer ist der? Auch Wind und Meer sind ihm gehorsam!

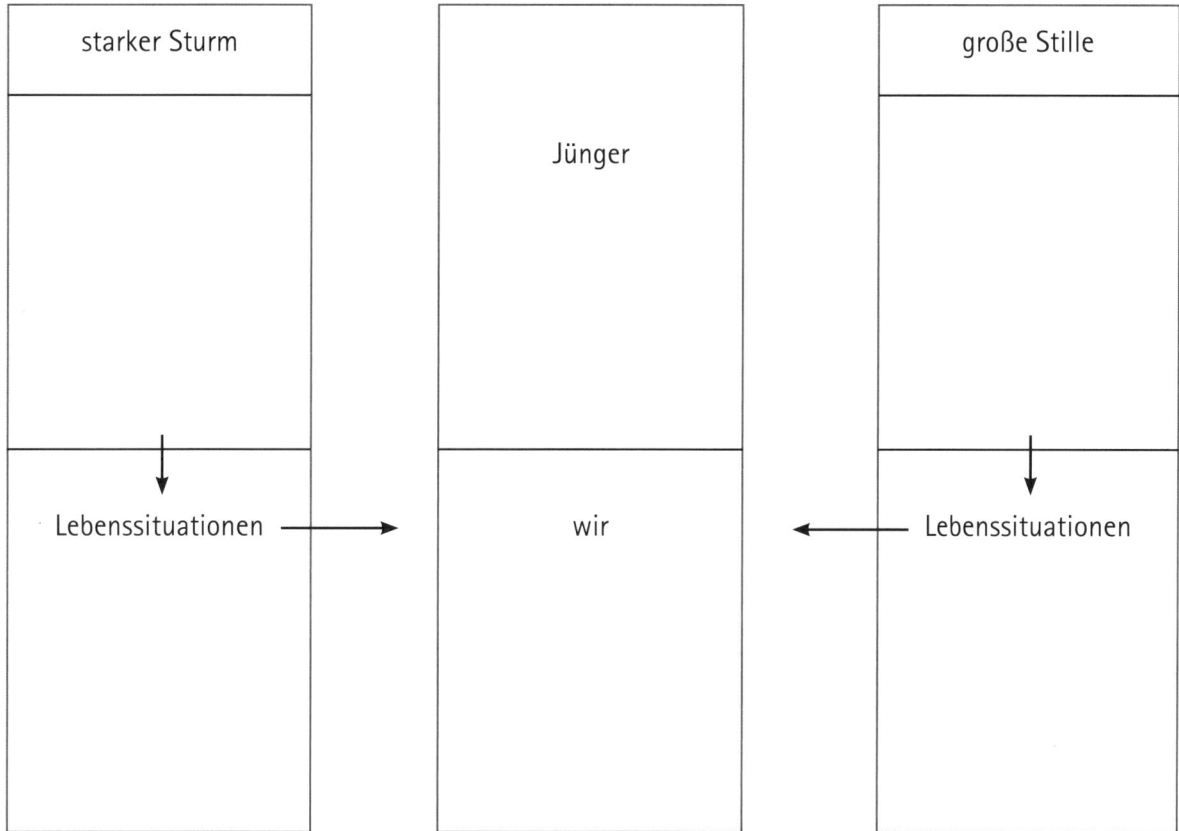

1. Trage aus dem Text passende Worte in die beiden Felder „starker Sturm" und „große Stille" ein.

2. Notiere unter den Pfeilen in Stichworten Lebenssituationen, die den Bildworten „starker Sturm" und „große Stille" entsprechen (z. B. starker Sturm: Zerbrechen einer Freundschaft; große Stille: friedliches Miteinander in der Familie).

3. Beschreibe im mittleren Feld kurz, was in den Jüngern, und darunter, was in uns vorgeht.

© 2019, Vandenhoeck & Ruprecht GmbH & Co. KG, Göttingen / www.v-r.de

M2 | 7. Rettungswunder

Hans-Georg Anniès: Sturmstillung

Hans-Georg Anniès, Sturmstillung

1. Beschreibe im oberen Bildteil die Gestalt Jesu, die Darstellung der Jünger und die Situation, in der sich das Boot befindet.
2. Überlege, welche Rolle die vier Gestalten im unteren Bildteil spielen.
3. Stell dir vor, die vier Gestalten wären folgende Personen: Erzieherin im Kindergarten, Angehörige eines Flutopfers, Pfarrer, du selbst. Notiere zu jeder Person Worte, die sie zu Jesus sagen könnten.
4. Vergleiche das Bild mit dem Schrifttext M1. Suche Ähnlichkeiten und Unterschiede.

© 2019, Vandenhoeck & Ruprecht GmbH & Co. KG, Göttingen / www.v-r.de

Arten von Wundern im NT

7. Rettungswunder | M3

Gottesglaube und Katastrophentod

Wir Menschen erfahren immer wieder durch die Medien von Naturkatastrophen oder sind selbst davon betroffen. Erdbeben, Vulkanausbrüche, schwere Stürme, Unwetter und Überschwemmungen führen zu großen Zerstörungen und fordern Menschenleben. Durch Naturereignisse entsteht Leid, das teilweise allerdings auch durch menschliches Handeln mit verursacht werden kann. Zum Beispiel können das Waldsterben und unkontrolliertes Abholzen von Wäldern zu Erdrutschen und Überschwemmungen führen. Dennoch bleiben Naturkatastrophen oftmals Ereignisse, für die Menschen nicht verantwortlich gemacht werden können. Die Tsunami-Flutwelle vom Dezember 2004 zum Beispiel wurde durch ein Seebeben im Indischen Ozean ausgelöst und kostete ca. 230.000 Menschen das Leben. Vermutlich noch mehr verloren es im Januar 2010 durch ein verheerendes Erdbeben in Haiti.

Dieses Übermaß an Leiden stellt für viele Menschen eine Herausforderung ihres Glaubens an einen gütigen Gott dar. Sie fragen sich, ob Gott dieses Geschehen nicht hätte verhindern können. Hätte er nicht eine Welt erschaffen können, in der es den Menschen bedrohende Naturerscheinungen nicht gibt? Muss die Erde ein so unruhiger Planet sein, wo Bewegungen in der Erdkruste und deren Folgen wie Erdbeben, Vulkanausbrüche und Flutwellen alles Leben bedrohen?

Unbestritten ist, dass die Natur bestimmten Gesetzmäßigkeiten unterliegt. Dazu gehören auch die Bewegungen in der Erdkruste. Sie lösten das starke Seebeben im Jahr 2004 und das schwere Erdbeben im Jahr 2010 aus. Zur Katastrophe werden solche Naturphänomene nicht zuletzt deshalb, weil die zugrunde liegenden Gesetzmäßigkeiten für Menschen nicht ausreichend durchschaubar sind. Orte und Zeiten von katastrophalen Naturereignissen sind kaum vorhersehbar und meist nicht berechenbar. Viele Naturkatastrophen ereignen sich plötzlich.

Die Plötzlichkeit ihres Auftretens und die Wucht der Zerstörungen lassen uns oft nur die negative Seite von gewaltigen Naturphänomenen wahrnehmen. Dabei sind es zum Beispiel gerade die Bewegungen in der Erdkruste, die zu einer Reihe von Begleiterscheinungen führen, die für uns Menschen lebensnotwendig sind. Bodenschätze wie Kohle, Erdöl, Erdgas und Salze sowie Erze bis hin zum Gold, entstanden und entstehen durch Hebungen und Senkungen der Erdkruste und durch Vulkanismus. Die positiven Wirkungen von Naturereignissen nehmen wir als selbstverständlich hin und bringen sie nicht mit unserem Glauben an Gott zusammen. Könnten sie uns nicht dankbar werden lassen gegenüber einem Schöpfer-Gott, der mit einer sich ständig verändernden Erde unser Leben auf der Erde erst ermöglichen will und uns so trotz mancher Dunkelheiten seine Zuwendung zeigen will?

1. Unterscheide reine Naturkatastrophen und von Menschen mit verursachte Naturkatastrophen. Ergänze durch eigene Beispiele.

2. Stelle negative und positive Auswirkungen von Erdkrustenbewegungen einander gegenüber. Kennst du andere als die im Text genannten Naturphänomene, die negative und positive Auswirkungen haben?

3. Versuche, dir eine Welt ohne die manchmal zur Katastrophe werdenden Naturereignisse vorzustellen. Ist eine solche Welt wünschenswert?

4. Kann es ein Trost sein zu vertrauen, dass Christus – wie in der Erzählung von der Sturmstillung – in unserer Werde-Welt „mit an Bord" ist? Begründe deine Antwort.

© 2019, Vandenhoeck & Ruprecht GmbH & Co. KG, Göttingen / www.v-r.de

M1 | 8. Totenauferweckung

Die Tochter des Jairus

Als Jesus zurückkam, nahm ihn das Volk auf, denn sie warteten alle auf ihn. Und siehe, da kam ein Mann mit Namen Jairus, der ein Vorsteher der Synagoge war, und fiel Jesus zu Füßen und bat ihn, in sein Haus zu kommen, denn er hatte eine einzige Tochter von etwa zwölf Jahren, die lag in den letzten Zügen. Und als er hinging, umdrängte ihn das Volk. [...]

Als er noch redete, _____ einer von den Leuten des Vorstehers der Synagoge und sprach: Deine Tochter ist _____; _____ den Meister nicht mehr! Als aber Jesus das _____, antwortete er ihm: _____ dich nicht; _____ nur, so wird sie gesund. Als er aber in das Haus _____, ließ er niemanden mit hineingehen als Petrus und Johannes und Jakobus und den Vater und die Mutter des Kindes. Sie _____ aber alle und klagten um sie. Er aber sprach: _____ nicht! Sie ___ nicht _____, sondern sie _____. Und sie _____ ihn, denn sie wussten, dass sie gestorben war. Er aber nahm sie bei der Hand und _____: Kind, _____! Und ihr Geist kam wieder und sie stand sogleich auf. Und er befahl, man solle ihr zu essen geben. Und ihre Eltern entsetzten sich. Doch Jesus _____ ihnen, niemandem zu _____, was geschehen war.

Lk 8, 40–42. 49–56

1. Setze die Verben passend in die Lücken ein. Beachte, dass die Verben hier im Infinitiv angegeben sind.
   aufstehen, verlachen, bemühen, sagen, glauben, hören, kommen (2-mal), sich fürchten, rufen, schlafen, sterben, gestorben sein, gebieten, weinen (2-mal)

2. Zeichne den Ablauf der Geschichte von oben nach unten mit Farben nach.
   Hinweis: Verwende z. B. dunkle Farben für den Bereich ‚Tod', helle Farben für den Bereich ‚Leben'.

8. Totenauferweckung | M2

Herr, für dich ist der Tod wie ein Schlaf

Herr, für dich ist der Tod wie ein Schlaf,
du kannst das Bitterste mit einem Handschlag wenden.
Was wir für groß und gewaltig halten,
ist vor dir wie Muscheln und Sand, wie alltägliches Leben.
Wir aber – wie sollen wir diese Sache verstehen?
Den Tod als Schlaf, aus dem du wecken kannst
– oder den Tod als Bestie, mächtig, und alle sind vor ihm gleich?
Die Tat am Kind des Jairus werden wir nie vergessen.
Seitdem ist der Tod nicht mehr wie zuvor.
Seitdem ist bei jedem, der stirbt,
ein Stück von der Botschaft eines Sieges,
ein Teil von dem Brot dieses Lebens,
ein Strahl dieser Sonne, die aufgeht,
ein Hauch dieses Windes vom Frühling her.
Wenn er nur glaubt, dann ist jeder, der stirbt,
wie ein Sieger in Fesseln – schon Sieger, noch in Fesseln.
Aber unsere Fragen kehren zurück:
Warum wird dieses Wunder nur erzählt als eines unter anderen?
Warum erreicht die Auferstehung nur dieses Mädchen, das doch wieder sterben mußte?
Alles, was hier geschieht, ist Hinweis, Vorzeichen, Zeichen.
Zeichen für was?
…

Aus: Klaus Berger, Darf man an Wunder glauben?, Gütersloh 1999

---

1. Suche die Bildworte heraus, mit denen die Wende vom Tod zum Leben beschrieben wird.

2. Mit welchen Gefühlen verbindest du diese Bildworte?

3. Markiere die Fragen im Text. Formuliere weitere Fragen zur Auferweckung.

4. Beantworte eine der markierten Fragen schriftlich.

M1 | 8. Totenauferweckung

Die Auferweckung Jesu als Wunder

Die drei Auferweckungswunder in den Evangelien (Tochter des Jairus, Jüngling von Nain, Lazarus) weisen auf die Auferweckung Jesu hin. Nur in diesem Zusammenhang wollen sie verstanden werden. Dennoch gibt es wichtige Unterschiede zwischen den Auferweckungswundern Jesu und seiner eigenen Auferweckung.

Bei der Auferweckung der Tochter des Jairus und bei anderen Wundern verbietet Jesus ausdrücklich, das Geschehene weiter zu erzählen. Ganz anders ist es dagegen bei der Auferweckung Jesu selbst. Hier sollen die Auferstehungszeugen die Botschaft aller Welt verkünden (Mt 28,19; Joh 20,17 f. 21).

Während die Menschen in den Totenauferweckungen Jesu wieder belebt wurden und später wieder gestorben sind, ist die Auferweckung Jesu endgültig. Die Auferweckung befreit ihn und mit ihm alle Glaubenden von der Macht des Todes. Sie zeigt – wie schon das ganze Leben Jesu –, dass es Gottes Absicht ist, Leben zu erhalten, Leben zu spenden und gegen die zerstörerische Macht des Todes anzugehen. Die Auferweckung Jesu ist der endgültige Sieg Gottes über den Tod. Sie begründet die christliche Hoffnung, dass mit dem Tod nicht alles aus ist und unser Leben bei Gott ein endgültiges Ziel hat.

1. Finde Unterschiede zwischen den Totenauferweckungen Jesu und seiner Auferweckung.

2. Male ein Bild, wie du dir ein neues Leben nach dem Tod vorstellst.
   Hinweis: Du kannst Gegenstände oder Farbflächen malen.

© 2019, Vandenhoeck & Ruprecht GmbH & Co. KG, Göttingen / www.v-r.de

Arten von Wundern im NT

III. Glaube und Wunder

Methodisch-didaktische Hinweise zu den Materialien

„Wer nicht an Wunder glaubt, ist kein Realist." Dieser Ausspruch des früheren israelischen Premierministers David Ben Gurion enthält die Spannung zwischen Glauben, Wunder und Realität, eine Spannung, die auch bei Jugendlichen Fragen aufwerfen kann. Muss ich ganz fest glauben, damit ein Wunder geschieht? Gibt es heute überhaupt noch Wunder? Sind die biblischen Wundergeschichten für meinen Glauben wichtig?

Mit Hilfe der Materialien dieses Kapitels können die Schülerinnen und Schüler die Rolle des Glaubens im Wundergeschehen erörtern und biblische Wundergeschichten als Motivation für christliches Handeln erkennen – sachliche und personale Kompetenzen. An dieser Stelle bleibt die Frage nach dem Verhältnis zwischen Wunderglauben und naturwissenschaftlichem Denken unberücksichtigt. Verschiedene Wirklichkeitsverständnisse in unterschiedlichen Wunderdeutungen kennenzulernen und gegeneinander abzuwägen erfolgt in Kapitel VI.

9 Dein Glaube hat dich gerettet

M1 stellt zunächst drei Glaubensgeschichten vor. Als Ergebnis der Aufgaben ergeben sich drei unterschiedliche Aspekte des Glaubens, dem Jesus rettende Kraft zuspricht:

Mk 2,1-12: Der Glaube ist das vielfältige Tätigwerden der Freunde, um den Gelähmten in die Nähe Jesu zu bringen.
Lk 7,36-50: Der Glaube ist, manchmal ganz ohne Worte, ein Suchen der Nähe Jesu und ein sich Verschenken.
Lk 18,35-43: Der Glaube ist ein Notschrei, um in die Nähe Jesu zu gelangen.

Als Gemeinsamkeiten (vierte Aufgabe) der drei Glaubensweisen sind die Beständigkeit und Hartnäckigkeit in der Bewegung auf Jesus hin zu nennen, sowie das Vertrauen, dass Gott durch Jesus hilft.

Der wichtige Sachtext „Die Rolle des Glaubens im Wunder" (M2) nimmt diese Ergebnisse auf und bestimmt dann den Ort des Glaubens im Wundergeschehen. Dabei soll klar werden, dass der Glaube in der Regel weder der Wundertat vorausgehen muss noch als Folge des Wunders erwartet wird, sondern ein Bestandteil des Wundergeschehens selbst ist. Dieser etwas schwierige Gedanke wird im Text am Beispiel eines vierhändigen Klavierstücks verdeutlicht.

Neuere Untersuchungen zeigen, dass es einen Zusammenhang zwischen dem christlichen Glauben und der Gesundheit eines Menschen geben kann. Auch ohne die Erfahrung einer konkreten Wundertat kann sich der Glaube als Lebenshaltung heilsam auswirken. Die drei Texte zu „Glaube und Gesundheit" (M3) stellen einige Studien und die Ergebnisse in drei Schritten vor. Text 1 nennt neben dem Glauben auch noch andere, die Gesundheit beeinflussende Faktoren: Körpergewicht, Tabakkonsum und sozialen Hintergrund. In Text 2 sind die Faktoren einer heilenden Wirkung des Glaubens durch die Hervorhebungen leicht zu finden, sie sollen aber kurz erläutert und eingeschätzt werden. Wichtig ist dabei, dass die Schülerinnen und Schüler nicht den falschen Umkehrschluss ziehen und meinen, wer nicht gesund sei, glaube nicht richtig. Text 3 ermöglicht eine Vertiefung der Thematik, indem er die körperliche, spirituelle und soziale Dimension der Heilkraft des Glaubens anspricht, aber auch eine Problematisierung: Das Gebet kann niemals eine Heilung erzwingen; auch die medizinischen Möglichkeiten sind Gaben Gottes und darum keine mit dem Glauben konkurrierende Alternative. Insbesondere die Bearbeitung von Text 3 kann ein lebhaftes Unterrichtsgespräch über den Glauben als Lebenshaltung und das Gebet als Glaubenspraxis nach sich ziehen.

10 Wunder im Glauben

Die beiden Materialien verdeutlichen, dass biblische Wundergeschichten präsentische und eschatologische Gehalte miteinander verbinden und damit zwei entscheidende Dimensionen des Glaubens befruchten können: den tatkräftigen Einsatz der Nächstenliebe in der Welt und die Hoffnung auf Auferstehung und ein vollendetes Leben mit Gott. Während der Text (M1) theologisch eher schwierige Inhalte vorstellt, ist die Tabelle (M2) vermutlich leicht zu bearbeiten.

Der lange Sachtext „Wunder sind Auferstehungsgeschichten" (M1) enthält zwei Kerngedanken. Zum einen schildert er eine auffallende sprachliche Ähnlichkeit in Heilungs- und Auferstehungsgeschichten, die häufig dasselbe griechische Verb ‚egeirein' (aktiv: aufstehen, passiv: aufgerichtet, auferweckt werden) enthalten. Heilungsgeschichten bringen damit zum Ausdruck, dass durch Gottes Wirken Menschen aus einem körperlichen Gebrechen heraus oder aus einem niederdrückenden psychischen Leiden aufgerichtet werden. Sie zeigen die dynamische Kraft der Auferweckung mitten im Leben. Durch die Ähnlichkeit der Wortwahl legen sich Heilungs- und Auferstehungsgeschichten gegenseitig aus. Auf diesen Kerngedanken der Ähnlichkeit zielt die erste Aufgabe. Der andere Kerngedanke ist das umfassende Ergriffenwerden der Menschen sowohl im Wundergeschehen als auch bei der Auferweckung Jesu. Starke emotionale Empfindungen wie Erschrecken, Zittern, Entsetzen und Furcht sind Bestandteil der biblischen Wunder- und Auferweckungs-Erzählungen, im Grunde aller biblischen Theophanien. Das Unsagbare einer Gottesbegegnung und der Erfahrung der aufrichtenden Kraft Gottes wird als tiefgreifendes emotionales Berührtwerden geschildert und verdeutlicht damit, dass es um den ganzen Menschen geht. Die Schülerinnen und Schüler bearbeiten dazu die zweite und dritte Aufgabe und verifizieren beide Kerngedanken anschließend anhand vorgegebener Schrifttexte (vierte Aufgabe). Die letzte Aufgabe zu M1 gibt den Schülerinnen und Schülern Gelegenheit, Erfahrungen aus ihrem eigenen Leben zu nennen, die mit tiefgehenden Empfindungen verbunden waren oder sind. Vermutlich werden erstes Verliebtsein, intensives Musikhören oder eine besondere Naturerfahrung genannt, vielleicht auch das Zerbrechen einer Freundschaft oder das Sterben eines nahen Angehörigen.

Die Tabelle (M2) stellt Wundergeschichten und mögliche Konsequenzen für unser Leben einander gegenüber. Die Aufgabe kann zunächst in Einzelarbeit gelöst und die Ergebnisse können anschließend im Plenum vorgestellt werden. Dabei finden die Schülerinnen und Schüler evtl. zusätzliche Schlussfolgerungen aus den biblischen Texten.

Mögliche Lösung (ohne Mehrfachverbindung):
Mk 2,1–12, Heilung des Gelähmten: In der Nähe Jesu keimt Hoffnung auf, dass Vergebung und Heilung möglich sind (besteht Aussicht auf ...)
Mk 4,35–41, Sturmstillung: In der Nähe Jesu ist die Glaubenserfahrung möglich, das Gott rettend eingreifen kann, wo Menschen in Angst leben und kein Gottvertrauen aufbringen.
Mk 10,46–52, Bartimäus: In der Nähe Jesu kann jede Art von Blindheit und Verblendung durch Glauben überwunden werden.
Lk 17,11–19, zehn Aussätzige: In der Nähe Jesu können wir lernen Vorurteile Ausländern gegenüber unsere Stimme zu erheben, zu protestieren.

Joh 5,1–9, Bethesda: In der Nähe Jesu wird die Handlungsaufgabe deutlich, Menschen mit besonderen Bedürfnissen in ihrer Selbstständigkeit zu fördern.

Mk 5,1–20, Gerasener: In der Nähe Jesu kann die Hilfe für drogenabhängige oder gewaltbereite Jugendliche und ihre Integration in die Gesellschaft als notwendiges christliches Handeln erkannt werden.

Joh 6,1–15, Speisung der 5000: In der Nähe Jesu ist Anlass zur Hoffnung auf die Gemeinschaft mit Christus und einem himmlischen Mahl, bei dem der Lebenshunger gestillt wird.

Joh 11,1–45, Lazarus: In der Nähe Jesu wagt die Liebe, gegen den Tod zu protestieren und seinen Anspruch zu bestreiten.

11 Wunderglaube und christliches Handeln

Die Materialien betonen die Notwendigkeit zum caritativen und politischen Handeln. Die zahlreichen Anspielungen auf biblische Wundergeschichten verdeutlichen, dass diese Wundergeschichten Motivation für ein Engagement aus dem Glauben heraus sein können. Im „Lied für Blinde, Lahme, Taube" (M1) sind konkrete Orte und Länder genannt, der Text „Gott mischt sich ein" (M2) enthält Namen und Berufe, die eindeutig zu unserer heutigen Welt gehören. Die insgesamt eher einfachen Aufgaben können in verschiedenen Sozialformen bearbeitet werden; inhaltlich führen sie jeweils in die Erfahrungswelt der Schülerinnen und Schüler. Nach Möglichkeit sollte das Lied gelernt und gesungen werden. Der Text von Manfred Fischer eignet sich gut zum betonten Lesen bzw. einem gestisch unterstützten Vortrag durch geeignete Schülerinnen und Schüler.

M1a | 9. „Dein Glaube hat dich gerettet."

Drei Glaubensgeschichten

Mk 2,1–12: Und nach einigen Tagen ging er wieder nach Kapernaum; und es wurde bekannt, dass er im Hause war. Und es versammelten sich viele, sodass sie nicht Raum hatten, auch nicht draußen vor der Tür; und er sagte ihnen das Wort. Und es kamen einige zu ihm, die brachten einen Gelähmten, von vieren getragen. Und da sie ihn nicht zu ihm bringen konnten wegen der Menge, deckten sie das Dach auf, wo er war, machten ein Loch und ließen das Bett herunter, auf dem der Gelähmte lag. Als nun Jesus ihren Glauben sah, sprach er zu dem Gelähmten: Mein Sohn, deine Sünden sind dir vergeben.

Es saßen da aber einige Schriftgelehrte und dachten in ihren Herzen: Wie redet der so? Er lästert Gott! Wer kann Sünden vergeben als Gott allein? Und Jesus erkannte sogleich in seinem Geist, dass sie so bei sich selbst dachten, und sprach zu ihnen: Was denkt ihr solches in euren Herzen? Was ist leichter, zu dem Gelähmten zu sagen: Dir sind deine Sünden vergeben, oder zu sagen: Steh auf, nimm dein Bett und geh umher? Damit ihr aber wisst, dass der Menschensohn Vollmacht hat, Sünden zu vergeben auf Erden – sprach er zu dem Gelähmten: Ich sage dir, steh auf, nimm dein Bett und geh heim!

Und er stand auf, nahm sein Bett und ging alsbald hinaus vor aller Augen, sodass sie sich alle entsetzten und Gott priesen und sprachen: Wir haben so etwas noch nie gesehen.

Lk 7,36–50: Es bat ihn aber einer der Pharisäer, bei ihm zu essen. Und er ging hinein in das Haus des Pharisäers und setzte sich zu Tisch. Und siehe, eine Frau war in der Stadt, die war eine Sünderin. Als die vernahm, dass er zu Tisch saß im Haus des Pharisäers, brachte sie ein Glas mit Salböl und trat von hinten zu seinen Füßen, weinte und fing an, seine Füße mit Tränen zu benetzen und mit den Haaren ihres Hauptes zu trocknen, und küsste seine Füße und salbte sie mit Salböl. Als aber das der Pharisäer sah, der ihn eingeladen hatte, sprach er bei sich selbst und sagte: Wenn dieser ein Prophet wäre, so wüsste er, wer und was für eine Frau das ist, die ihn anrührt; denn sie ist eine Sünderin. Jesus antwortete und sprach zu ihm: Simon, ich habe dir etwas zu sagen. Er aber sprach: Meister, sag es! Ein Gläubiger hatte zwei Schuldner. Einer war fünfhundert Silbergroschen schuldig, der andere fünfzig. Da sie aber nicht bezahlen konnten, schenkte er's beiden. Wer von ihnen wird ihn am meisten lieben? Simon antwortete und sprach: Ich denke, der, dem er am meisten geschenkt hat. Er aber sprach zu ihm: Du hast recht geurteilt.

Und er wandte sich zu der Frau und sprach zu Simon: Siehst du diese Frau? Ich bin in dein Haus gekommen; du hast mir kein Wasser für meine Füße gegeben; diese aber hat meine Füße mit Tränen benetzt und mit ihren Haaren getrocknet. Du hast mir keinen Kuss gegeben, diese aber hat, seit ich hereingekommen bin, nicht abgelassen, meine Füße zu küssen. Du hast mein Haupt nicht mit Öl gesalbt; sie aber hat meine Füße mit Salböl gesalbt. Deshalb sage ich dir: Ihre vielen Sünden sind vergeben, denn sie hat viel Liebe gezeigt; wem aber wenig vergeben wird, der liebt wenig.
Und er sprach zu ihr: Dir sind deine Sünden vergeben. Da fingen die an, die mit zu Tisch saßen, und sprachen bei sich selbst: Wer ist dieser, der auch die Sünden vergibt? Er aber sprach zu der Frau: Dein Glaube hat dir geholfen; geh hin in Frieden!

© 2019, Vandenhoeck & Ruprecht GmbH & Co. KG, Göttingen / www.v-r.de

9. „Dein Glaube hat dich gerettet." M1b

Lk 18,35–43: Es begab sich aber, als er in die Nähe von Jericho kam, dass ein Blinder am Wege saß und bettelte. Als er aber die Menge hörte, die vorbeiging, forschte er, was da wäre. Da berichteten sie ihm, Jesus von Nazareth gehe vorbei. Und er rief: Jesus, du Sohn Davids, erbarme dich meiner! Die aber vornean gingen, fuhren ihn an, er solle schweigen. Er aber schrie noch viel mehr: Du Sohn Davids, erbarme dich meiner!

Jesus aber blieb stehen und ließ ihn zu sich führen. Als er aber näher kam, fragte er ihn: Was willst du, dass ich für dich tun soll? Er sprach: Herr, dass ich sehen kann. Und Jesus sprach zu ihm: Sei sehend! Dein Glaube hat dir geholfen. Und sogleich wurde er sehend und folgte ihm nach und pries Gott. Und alles Volk, das es sah, lobte Gott.

Walter Habdank: Blindenheilung, ©VG Bild-Kunst, Bonn 2019

1. Zu Mk 2,1–12: „Als nun Jesus ihren Glauben sah ..." (2,5). Unterstreiche, was Jesus im Einzelnen bei den Freunden sah. Fasse in eigenen Worten zusammen, was er ‚Glauben' nennt.

2. Zu Lk 7,36–50: Die Frau sagt kein Wort und doch lobt Jesus ihren Glauben. Überlege, was Jesus bei der Frau Glaube nennt.

3. Zu Lk 18,35–43: Beschreibe, wie sich der Glauben des Blinden zeigt.

4. Zu allen Bibeltexten: In allen drei Geschichten ist vom Glauben die Rede. Finde Gemeinsamkeiten dieser Glaubensweisen.

5. Welchen Aspekt der Blindenheilung stellt der Künstler Walter Habdank in den Vordergrund?

M2 | 9. „Dein Glaube hat dich gerettet."

Die Rolle des Glaubens im Wunder

Einige Wundergeschichten in den Evangelien enden mit dem Satz Jesu: „Dein Glaube hat dir geholfen." So tröstlich einfach dieser Satz klingt, so unbeantwortet lässt er zunächst die Frage nach der Rolle des Glaubens im Wundergeschehen.

Einer Antwort auf diese Frage nähern wir uns, indem wir beachten, wie biblische Wundererzählungen den Glauben schildern. Freunde setzen sich tatkräftig für einen gelähmten Freund ein, um ihn unter schwierigen Umständen ganz nahe zu Jesus zu bringen (Mk 2,1–12). Eine Frau tritt überraschend an Jesus heran und berührt wortlos sein Gewand und erfährt Heilung (Lk 7,36–50). Ein Blinder bei der Stadt Jericho bringt laut schreiend zum Ausdruck, dass er zu Jesus gelangen will (Lk 18,35–43).

Eine tatkräftige Annäherung, eine wortlose Berührung, ein menschlicher Notschrei – jedes Mal suchen die später Geheilten in besonderer Weise die Nähe Jesu. Sie kommen zu Jesus, weil sie ihm vertrauen und auf seine Hilfe hoffen. Sie gehen dabei sehr hartnäckig auf Jesus zu und lassen sich dabei von nichts und niemandem aufhalten. Der Blinde nicht von den Ermahnungen der Leute, doch still zu sein. Die Sünderin nicht von den gesellschaftlichen Gepflogenheiten der Zeit, als Frau niemals in eine Männerrunde einzutreten. Die Freunde nicht von einer Menschenmenge und nicht einmal von Mauern und Dächern. Dieses Geschehen hebt Jesus als Glauben hervor, wenn er sagt: „Dein Glaube hat dich gerettet."

Mit diesem Zuspruch rückt Jesus den Glauben ganz dicht an die Wundertat heran. Der Glaube ist damit keine Vorleistung, die ein Mensch frühzeitig vor dem Wunder zu erbringen hat. Die zu heilenden Menschen müssen sich nicht zuerst als fromm erweisen, einen Psalm hersagen oder sich einer Bekenntnisprüfung unterziehen. Der Glaube wird auch nicht als Folge der Wundertat und als Gegenleistung der Menschen erwartet oder überprüft. Nein, der Glaube ist mittendrin im Wunder, er ist ein Teil des Wundergeschehens selbst. Der Theologe Klaus Berger sagt, Wunder „sind wie ein vierhändiges Klavierspiel des Wundertäters und des zu Heilenden". In diesem anschaulichen Wort ist mitbedacht, dass ein Wunder nur möglich ist, wo der Glaube beider Beteiligter vorhanden ist. So, wie ein vierhändiges Klavierstück nicht gespielt werden kann, wenn ein Spieler fernbleibt, so ist das Helfenwollen Jesu vergeblich, wenn der Glaube fehlt. Der Glaube Jesu ist dabei seine einzigartige Offenheit auf Gott hin. Der Glaube der zu Heilenden ist die Bewegung auf Jesus zu und das Ja zu seinem rettenden Wort. Wo der Glaube Jesu und der Glaube der Hilfesuchenden zusammenrücken, da ist ein Wunder möglich.

Wo Jesus auf Unglauben trifft, werden Wunder verhindert. Von Jesu Heimatstadt Nazareth heißt es: Und er [Jesus] konnte dort kein Wunder tun; nur einigen Kranken legte er die Hände auf und heilte sie. Und er wunderte sich über ihren Unglauben (Mk 6,5 f.).

---

1. Im Text sind drei Rollen des Glaubens im Wundergeschehen angesprochen. Beschreibe diese drei Rollen.
2. Erläutere diejenige Rolle des Glaubens genauer, die ein Wunder ermöglicht.
3. Beschreibe Kennzeichen des Glaubens, dem Jesus eine rettende Kraft zuspricht.

© 2019, Vandenhoeck & Ruprecht GmbH & Co. KG, Göttingen / www.v-r.de

9. „Dein Glaube hat dich gerettet." M3a

Glaube und Gesundheit

Text 1 Glaube, Heilung und Gesundheit – was haben sie heute miteinander zu tun? Hat Spiritualität, hat der Glaube eines Menschen einen Einfluss auf Heilungsprozesse, verhilft Glaube zu Gesundheit, leben gläubige Menschen etwa länger als Menschen, die nicht glauben? Dies sind die Fragen, auf die eine Antwort versucht werden soll.

In den USA werden seit einigen Jahrzehnten Studien durchgeführt mit der Frage, welche Faktoren einen Einfluss auf die Gesundheit und die Lebenserwartung von Menschen haben. Die darin berücksichtigten Faktoren sind zum Beispiel das Körpergewicht, der Tabakkonsum, der soziale Hintergrund, aber auch Faktoren wie die Zugehörigkeit zu einer religiösen Gemeinschaft. Und diese Studien, nach strengen Kriterien der Epidemiologie durchgeführt, zeigen: Der persönliche Glaube und die Zugehörigkeit zu einer religiösen Gemeinschaft können eine gesundheitsfördernde und eine heilende Wirkung haben. Die Ergebnisse der Untersuchungen sind zum Teil frappierend. So zeigte sich in einer Studie, die der amerikanische Epidemiologe George Comstock leitete: Bei Männern, die einmal pro Woche eine religiöse Veranstaltung besuchen, zum Beispiel einen Gottesdienst, liegt die Sterblichkeit durch eine koronare Herzerkrankung um 40 Prozent niedriger als bei Männern, die dies nicht tun. In dieser Studie wurden 91.000 Personen über mehrere Jahre beobachtet.

Eine andere Studie, die 21.000 Personen zwischen 18 und 89 Jahren über einen Zeitraum von neun Jahren erfasste, zeigte: 20-jährige US-Amerikaner, Männer wie Frauen, Schwarze wie Nichtschwarze, haben, wenn sie einmal pro Woche zur Kirche, Synagoge oder Moschee gehen, eine um 6,6 Jahre höhere Lebenserwartung, als wenn sie nie einen Gottesdienst besuchten. Es wurde nachgewiesen, dass Angehörige bestimmter religiöser Gemeinschaften eine deutlich geringere Tumor-Erkrankungsrate haben als andere. Und auch der Verlauf von Tumorerkrankungen ist bei Gläubigen besser als bei nicht gläubigen Menschen.

Text 2 In den erwähnten Studien werden einige Faktoren genannt, die die heilende Wirkung des Glaubens ein Stück weit erklären können: *Gebete und religiöse Rituale* wirken auf viele Vorgänge im menschlichen Körper. Man kann beobachten, dass der Blutdruck sinkt, der Herzschlag langsamer wird, weniger Stresshormone im Körper gebildet und ausgeschüttet werden. Lieder, Gebete und Texte, die die religiösen Vollzüge prägen und einem Menschen vertraut sind, führen zu einer Entspannungsreaktion im Körper. Sehr wichtig sind auch sinnlich erfahrbare Zeichen der heilenden Nähe Gottes, wie die Segnung und Salbung. Man kann die Wirkung all dieser Elemente als den Abbau von Stress bezeichnen. Und Stressabbau ist ein eindeutig gesundheitsfördernder Faktor, vor allem im Hinblick auf Herz-Kreislauf-Erkrankungen.

Der Glaube verhilft zur Sinnfindung im Leben. Wer das Leben als sinnvoll erlebt, wer positive Ziele hat und verwirklichen will, erkrankt seltener, sowohl psychisch als auch körperlich. Man konnte zeigen, dass eine positive Grundstimmung und das Ausgerichtetsein auf Ziele sich auf die Funktion des körperlichen Immunsystems auswirken.

Die soziale Unterstützung durch eine Glaubensgemeinschaft: Der Mensch ist von seinem Wesen her auf die Unterstützung durch seine Umwelt, seine Mitmenschen angewiesen. Die Zugehörigkeit zu einer Glaubensgemeinschaft bietet Halt und schenkt ein Gefühl von Geborgenheit – beides sind gesundheitsfördernde Faktoren.

Das Vermeiden von Risikoverhalten: Viele Religionsgemeinschaften fordern oder unterstützen ein Verhalten, das schädigende Einflüsse auf die Gesundheit vermeidet. Bei Menschen, die zu Glaubensgemeinschaften gehören, sind im Durchschnitt der Alkohol und Nikotin- sowie der Drogenkonsum niedriger als in der Durchschnittsbevölkerung.

© 2019, Vandenhoeck & Ruprecht GmbH & Co. KG, Göttingen / www.v-r.de

M3b | 9. „Dein Glaube hat dich gerettet."

Text 3 Die Heilkraft des Glaubens bezieht sich auf die körperliche Dimension, ist aber keineswegs darauf beschränkt, sondern schließt folgende weitere Dimensionen mit ein: Heilung durch den Glauben bezieht sich ganz wesentlich auf die *spirituelle oder geistliche Dimension:* Heilung geschieht auch und besonders dann, wenn ein Mensch trotz oder gerade durch die Erfahrung von Leiden Gottes bewahrende und tragende Nähe spürt. Es gibt Heilung in einem ganz wesentlichen Sinne gerade auch dann, wenn keine körperliche Heilung erfolgt. Heilung durch den Glauben bezieht sich auch auf die *soziale Dimension:* Menschen können durch Christus von Entfremdung, Isolierung und Individualismus befreit werden.

Das Gebet um Heilung: Beten als das In-Beziehung-Treten zu Gott bedeutet, das Leben mit seinen glücklichen Erfahrungen und mit seinen Nöten vor Gott zur Sprache zu bringen. Wir dürfen dankend, bittend, klagend und auch anklagend vor Gott treten und ihn bitten, uns von Krankheiten und Nöten zu befreien. Unser Teil ist es, uns der heilenden Nähe Gottes zu öffnen. Wesentlich aber ist, die Zukunft Gott zu überlassen. An alle unsere konkreten Bitten müssen wir anschließen: „Dein Wille geschehe!" Und es ist ganz wichtig, keine Proportionalität zu erwarten zwischen der Quantität und auch der Intensität des Gebets und seiner Wirkung.

Die Beziehung zwischen der Heilkraft des Glaubens und den medizinischen Möglichkeiten der Heilung: Schließt das Vertrauen auf Gott das Vertrauen auf den Arzt aus? Nein – denn als Christen können wir auch die medizinischen Möglichkeiten als Mittel Gottes sehen, als den Menschen gegebene Werkzeuge zur Verwirklichung des Reiches Gottes. Wir dürfen die Möglichkeiten der Medizin als Gaben Gottes dankbar annehmen. Medizin und Glaube sollten nicht konkurrieren, sondern sich ergänzen.

Der Glaube als Lebenshaltung: Grundsätzlich ist es wichtig zu sehen, dass der Glaube nur dann heilend und gesundheitsfördernd wirken kann, wenn er eine Lebenshaltung bezeichnet. [...] Der Glaube ist nichts Äußerliches. Er besteht nicht in der nominellen Zugehörigkeit zu einer Religionsgemeinschaft und auch nicht in der Erfüllung bestimmter Glaubenspflichten, sondern ist eine Haltung des Vertrauens auf Gott, die den Menschen prägt. Durch den Glauben werden Kraftquellen im Menschen aktiviert, die ihn verändern und heilend wirken.

Aus: DIFÄM zum Thema: Beate Jakob, „Dein Glaube hat dir geholfen" – Trägt der Glaube zu Heilung und Gesundheit bei? Deutsches Institut für Ärztliche Mission e.V., Tübingen, www.difaem.de

1. Nenne einige Ergebnisse der Studien.
2. Stelle Vermutungen an, warum der Glaube gesundheitsfördernd sein kann.
3. Beschreibe in Stichworten die Faktoren, die die heilende Wirkung des Glaubens erklären. Welcher Faktor ist für dich der wirkungsvollste?
4. Erläutere kurz die drei Dimensionen, in denen sich der Glaube heilsam auswirkt.
5. Begründe, warum ein Gebet um Heilung nicht immer Erfolg hat.
6. „Medizin und Glaube sollten nicht konkurrieren." Erläutere diesen Satz.
7. Beschreibe den Glauben als Lebenshaltung. Wie sieht ein Glaube aus, der keine Lebenshaltung ist?

10. Wunder im Glauben | M1

Wunder sind Auferstehungsgeschichten

Gewöhnlich sehen wir keinen Zusammenhang zwischen den Heilungsgeschichten Jesu und den Auferstehungsgeschichten der Bibel. Die Auferstehungsgeschichten stehen oft im Blickpunkt des Interesses, da die Auferstehung das Zentrum unseres Glaubens bildet. Die Betrachtung der Heilungsgeschichten Jesu werden, losgelöst von den Auferstehungsgeschichten, meistens im Zusammenhang mit den Wundern Jesu betrachtet. Bei näherem Hinsehen auf die Begriffe mancher Wunderbeschreibungen und Auferstehungsgeschichten fallen Ähnlichkeiten auf zwischen Auferstehungs- und Heilungsgeschichten. Sie versuchen in Sprache zu fassen, was nur schwer zu beschreiben ist: die Begegnung mit einer spürbaren Anwesenheit Gottes bei den Heilungen und gleichzeitig die aufrichtende Tat Gottes. Dieses Aufgerichtetwerden kranker Menschen und das Auferstehen Jesu wird im NT mit dem griechischen Begriff „egeirein" umschrieben. Dieses Wort wird im Deutschen mit „auferstehen" gleichzeitig für das „Aufstehen" nach dem Schlaf benutzt. Wenn es von Jesus heißt: „Er ist auferstanden." (Mk 16,6) steht also hinter dem Verb „auf-er-stehen" das griechische Wort für „aufstehen". Dieses Wort taucht immer wieder in den Heilungsgeschichten auf, z. B. bei der Heilung der Schwiegermutter des Petrus (Mk 1,32). Die Heilung des besessenen Knaben (Mk 9,14–29) und die Auferweckung der Tochter des Jairus (Mk 5,35–43) werden mit dem Begriff „aufstehen" umschrieben. Von Jesus wird berichtet, dass er auf-er-steht, während die geheilten Menschen aufstehen bzw. sich aufrichten. Auferstehung ereignet sich also nicht erst nach dem Tod Jesu, sondern die Kraft der Auferstehung ist ansatzweise mitten im Leben erfahrbar. So formulierte ein Theologe, dass das gesamte Evangelium „zu einer großen Erzählung vom Prozess der Auferstehung wird." (D. Kosch)

Immer dort, wo es im NT um Auf-er-stehen geht, spielen menschliche Empfindungen eine große Rolle. Dabei wird die Gefühlswelt der Menschen angesprochen. Die Leser sollen von der Geschichte angerührt werden und dieser Erzählung Glauben schenken. Heilungs- und Auferstehungsgeschichten kennen für diese Gefühle aussagekräftige Wörter wie Erschrecken, Zittern, Entsetzen und Fürchten. Die Reaktion der Frauen auf die Anwesenheit des Engels im leeren Grab wird als Erschrecken geschildert. Das gleiche intensive Erschrecken findet sich in Mk 9, als Jesus den besessenen Knaben heilt und auferweckt. Menschen, die die Heilung des Geraseners miterleben, fürchten sich (Mk 5,15) und die Frau, die von ihren Blutungen befreit wird, fürchtet sich (Mk 5,33). Mit Entsetzen (griech. *ekstasis*) reagieren die Menschen, die miterleben, wie Jesus die Tochter des Jairus auferweckt.

Die Auferstehungsbotschaft im Leben der Kranken und die Auferstehung Jesu nach der Kreuzigung werden mit Worten starker Betroffenheit ausgedrückt, sodass dadurch das Herz, der Verstand und die Emotionen der Leser angesprochen und zum Glauben bewegt werden.

---

1. Nenne die Ähnlichkeiten zwischen den Auferstehungsberichten und den Heilungsgeschichten.
2. Welche Empfindungen werden in den Geschichten genannt?
3. Beschreibe, warum diese Empfindungen so ausdrucksstark benannt sind.
4. Untersuche die erarbeiteten Ergebnisse an folgenden biblischen Geschichten: Mk 2,29–31; Mk 5,35–43 und Mk 16,1–8.
5. Gibt es vergleichbare Empfindungen in deinem Leben?

© 2019, Vandenhoeck & Ruprecht GmbH & Co. KG, Göttingen / www.v-r.de

M2 | 10. Wunder im Glauben

Verschiedene Aspekte der Wundergeschichten

Mk 2,1–12 Heilung des Gelähmten	In der Nähe Jesu kann jede Art von Blindheit und Verblendung durch Glauben überwunden werden.
Mk 4,35–41 Sturmstillung	In der Nähe Jesu wird die Handlungsaufgabe deutlich, Menschen mit besonderen Bedürfnissen in ihrer Selbstständigkeit zu fördern.
Mk 10,46–52 Bartimäus	In der Nähe Jesu ist die Glaubenserfahrung möglich, dass Gott rettend eingreifen kann, wo Menschen in Angst leben und kein Gottvertrauen aufbringen.
Lk 17,11–19 Zehn Aussätzige	In der Nähe Jesu wagt die Liebe, gegen den Tod zu protestieren und seinen Anspruch zu bestreiten.
Joh 5,1–9 Bethesda	In der Nähe Jesu keimt Hoffnung auf, dass Vergebung und Heilung möglich sind.
Mk 5,1–20 Gerasener	In der Nähe Jesu können wir lernen gegen Vorurteile Ausländern gegenüber unsere Stimme zu erheben, zu protestieren.
Joh 6,1–15 Speisung der 5000	In der Nähe Jesu kann die Hilfe für drogenabhängige oder gewaltbereite Jugendliche und ihre Integration in die Gesellschaft als notwendiges christliches Handeln erkannt werden.
Joh 11,1–45 Lazarus	In der Nähe Jesu ist Anlass zur Hoffnung auf die Gemeinschaft mit Christus und einem himmlischen Mahl, bei dem der Lebenshunger gestillt wird.

Stelle Verbindungen her zwischen den Wundererzählungen und den Sätzen rechts. Zu manchen Wundererzählungen können mehrere Sätze passen.

© 2019, Vandenhoeck & Ruprecht GmbH & Co. KG, Göttingen / www.v-r.de

Glaube und Wunder

11. Wunderglaube und christliches Handeln | M1

Lied für Blinde, Lahme, Taube

Der blin-de Mann von Je-ri-cho der kann nun wie-der sehn, der Lah-me aus Je-ru-sa-lem, der kann nun wieder gehn, wieder gehn.

2. In Köln und auch in Wuppertal sind Leute blind und lahm, es fehlt der eine, der sie sieht, wie damals einer kam.

3. Er sah sie an mit einem Blick und nahm sie bei der Hand, er sprach dabei ein neues Wort, wie keiner spricht im Land.

4. So gehen viele blind daher und lahm und stumm und taub, und manche laufen tot herum und stehen nicht mehr auf.

5. Es fehlt der eine der sie weckt, der hört und spricht und merkt, der eine, der sich selbst vergißt, der andre heilt und stärkt.

6. Wann kommt der eine noch einmal, vielleicht auch zwei und drei nach Afrika, Amerika zu uns in die Türkei.

7. Wann kommt der eine noch einmal, vielleicht 'ne ganze Flut nach überall und allezeit, so einer tät uns gut.

Text: Wilhelm Willms / Melodie: Hans Georg Koch, © by Gustav Bosse Verlag, Kassel

1. Wie ist der Satz zu verstehen: „Und manche laufen tot herum."?
2. Erkläre, wer heute „lahm", „stumm" und „taub" ist.
3. Nenne Gründe für die Steigerung von „der eine" über „zwei und drei" bis zu „ne ganze flut."
4. Schreibe die 5. Strophe neu, in dem du die Relativsätze „der ..." neu schreibst.
5. Fallen euch Menschen ein, die so leben oder gelebt haben, wie der Liedtext es beschreibt?

M2 | 11. Wunderglaube und christliches Handeln

Gott mischt sich ein

Jesus rief Mitarbeiter zu sich,
und er gab ihnen Vollmacht
über Dummheit, Fanatismus und Habgier,
alles auszutreiben,
was Menschen verdirbt und zerstört.
Die Namen der Berufenen
sind nicht außergewöhnlich:
Hartmut, der junge Unternehmer,
und Andreas, der Aussteiger,
Ruth und Els von der Frauenbewegung,
Günther, CDU-Mitglied,
und Walter, der Gewerkschaftsmann,
Toni und Sabine
von den Christen für den Sozialismus,
Konrad von der Bruderschaft
und Anna, seine Schwester,
Siegfried, der Corpsstudent,
und Matthias, Kriegsdienstverweigerer
und Kernkraftgegner.
Diese sandte Jesus aus und gebot ihnen:
Sprecht: Das Himmelreich
ist nahe herbeigekommen.
Sagt nicht: Die Katastrophe
ist nahe herbeigekommen.
Sagt nicht: Es ist alles sinnlos
und vergebliche Liebesmüh;
die Welt ist böse
und hoffnungslos verloren.
Sagt die Nähe Gottes an.
Lenkt die Aufmerksamkeit
auf seine Spuren,
auf Bewegungen, die er entfacht:
Waffen werden beiseite gelegt.
Brot wird gebrochen und geteilt.
Raum ist in den Herbergen.
Lieder werden geschrieben und gesungen.
Tränen werden abgewischt.
Gräber bäumen sich auf,
Gott entgegen.
Heilt die unverbesserlich Gesunden,
die Sieger, die Erfolgsritter,
die Harten und Gepanzerten.

Stärkt die Leistungsschwachen,
sucht Einsame auf, Schwerblütige.
Sprengt Isolation und Leidensdruck.
Bekämpft die Gesellschaft,
wo sie Menschen kaputt macht.
Weckt Lebende auf,
gedankenlose, festgefahrene Egoisten,
abgestumpfte, stockbeinige Gewohnheitstiere.
Weckt sie auf, macht ihnen Beine,
versetzt sie in Unruhe,
stachelt sie an zu leben,
aufzustehen vom Trott,
sperrigen Zwang und ängstliche Blockaden zu verwandeln
in feinfühliges Aufmerken.
Befreit die Aussätzigen,
die Randgruppen unserer Gesellschaft,
von ihrem Makel,
wenn sie Leistung nicht erbringen.
Gebt den zum Abschaum Gestempelten
ihre Würde zurück, räumt ihnen Wege frei,
sich selbst zu finden.
Treibt Teufel aus,
Stumpfsinn, Gleichgültigkeit und Langeweile,
Hass und Rechthaberei,
alles Freund-Feind-Denken,
mit dem sie einander zum Abschuss freigeben.
Ihr braucht euch nicht
ängstlich abzusichern.
Verlasst euch nicht auf Stabilität und harte Währung,
auf Medien und Apparaturen,
auf Werbepsychologie und Management.
Sie machen euch nicht mächtiger
und schon gar nicht geistvoller.
Bleibt offen und ungeschützt.
Dann gewinnt ihr Glaubwürdigkeit.
Schlagt das Evangelium
den Menschen nicht um die Ohren.
Droht ihnen nicht mit der Bibel.
Aufdringlichkeit schwächt nur
eure Überzeugungskraft.
Gottes Geist wird euch geleiten.

Manfred Fischer, in: Sigrid und Horst Klaus Berg (Hg.): Himmel auf Erden. Wunder und Gleichnisse, München 1989, S. 88–90

---

1. Unterstreiche alle Stellen, in denen Wundergeschichten angesprochen werden.
2. Unterstreiche mit anderer Farbe fünf Einmischungen, die dir wichtig sind.
3. Nennt konkrete Situationen, in denen sich diese Einmischungen ereignen.

© 2019, Vandenhoeck & Ruprecht GmbH & Co. KG, Göttingen / www.v-r.de

IV. Verschiedene Gleichnisse Jesu

Methodisch-didaktische Hinweise zu den Materialien

12 Das Gleichnis vom Senfkorn

Hier wird zunächst ein synoptischer Vergleich durchgeführt (M1): Die Schülerinnen und Schüler suchen die übereinstimmenden Kernbegriffe heraus und erarbeiten daran Kennzeichen des Reiches Gottes. An eine inhaltliche Bestimmung des Begriffes „Reich Gottes" ist nicht gedacht (vgl. dazu Kapitel V, M2). Die dritte Aufgabe zielt mit der Deutung wichtiger Begriffspaare aus den Bibeltexten auf drei eher formale Kennzeichen des Reiches Gottes: Das Reich Gottes ist klein, unscheinbar, leicht zu übersehen; es wächst, breitet sich langsam aus; es bietet Schutz und Lebensraum. De facto nisten Vögel freilich eher nicht in Senfstauden, da diese kurzlebige Pflanzen sind. Der Text M2 verteidigt das Recht kleiner Anfänge gegen fordernde Fragen nach großen Lösungen. Dem Senfkorn im Gleichnis entsprechen hier eine Blume, ein Schritt, ein Gedanke und ein Traum. Die dritte Aufgabe regt an, selbst weitere Beispiele zu finden und als zusätzliche Gedichtstrophen zu formulieren. Den Abschluss dieses Abschnitts bildet ein fiktives Gespräch dreier Personen aus der Zeit Jesu (M3). Darin wird der kurze Text des Gleichnisses vom Sauerteig (Mt 13,33) wiedergegeben und im Gespräch der drei Personen gedeutet. Die Aufgaben erlauben außerdem eine Problematisierung und Klärung, wie sich das Reich Gottes in unserer Welt manifestiert: nicht als politisches Gebilde, nicht durch Gewalt von Menschen, sondern aus eigener Kraft und auf verborgene Weise. Im letzten Teil des Gesprächs ist herauszuarbeiten, dass das Reich Gottes nicht durch unser Tun wächst, aber unsere Offenheit und Empfänglichkeit braucht, um es in uns wirken zu lassen.

13 Das Gleichnis vom vierfachen Ackerfeld

Dieses Wachstumsgleichnis setzt einen anderen Schwerpunkt. Nicht die Unscheinbarkeit steht im Mittelpunkt, sondern die unterschiedliche Wachstumsgeschichte des ausgestreuten Samens. Der Sämann handelt dabei nicht unvernünftig, wenn er auf den Weg, zwischen Disteln und Dornen, zwischen Steine und auf guten Boden breit ausstreut, weil erst nach dem Säen gepflügt wird. Jesus erzählt mit diesem Gleichnis von den Risiken und Chancen der Botschaft vom Reich Gottes unter den Menschen.

Der Holztiefdruck von Walter Back (M1) kann vor oder nach der Lektüre des Gleichnistextes eingesetzt werden. Die Vögel auf dem Weg, der felsige Untergrund, die dornige Distel – diese drei Teile des vierfachen Ackerfelds sind zunächst leicht zuzuordnen (erste Aufgabe). Interessant ist das vierte Feld, das kein üppiges Getreidefeld zeigt, sondern einen Baum mit voller, runder Krone und Vögeln darin. Hier wächst etwas Großes, Starkes heran, das Menschen und Tieren Nutzen und Ernte bringt. Der Baum erinnert auch an das Senfkorngleichnis. Falls es im vorangegangenen Unterricht bearbeitet wurde, kann ein Hinweis darauf die Beantwortung der zweiten Aufgabe erleichtern. Die dritte Aufgabe lenkt den Blick auf die feinen Prägungen, die durch das Hineinpressen des nassen Papiers in den Druckstock entstanden sind. Sehgeschulte Schülerinnen und Schüler erkennen vielleicht die Einprägungen links oben als Traktorspur. Das Reifenprofil holt diese Geschichte in unsre Zeit hinein. Im unteren Bildpaar fallen die nach außen weisenden, zerstreuenden, die abweisende Spitzigkeit der Distel unterstreichenden Linien auf im Gegensatz zu den runden, sammelnden Linien, die den Baum als Ort der Geborgenheit betonen.

M2 versucht, die Beschaffenheit der vier Ackerteile mit Eigenschaften von Menschen in Verbindung zu bringen und somit die Deutung des Gleichnisses vorzubereiten. Bei der Zuordnung der Eigenschaften in der ersten Aufgabe können sich evtl. Überschneidungen beim Weg und beim felsigen Grund ergeben. Eine mögliche Lösung: Weg: hart, staubig, verkrustet; Fels: abweisend, kantig, unzugänglich; Dornen: alles überwuchernd, stachelig, verletzend; guter Boden: aufnahmefähig, fruchtbar, weich. Die Beantwortung der zweiten Aufgabe setzt ein gewisses Maß an Lebenserfahrung und Menschenkenntnis voraus und ist vermutlich leichter in Kleingruppen zu bewältigen. Beim Sammeln der Ergebnisse ist darauf zu achten, dass nicht einfach die Begriffe von oben wiederholt werden, sondern Menschen und Situationen etwas ausführlicher charakterisiert werden. Die dritte Aufgabe leitet mit der Lektüre der biblischen Deutung (Mt 13,18–23) zu M3 über, wo vier Menschen in kurzen Lebensgeschichten mit ihren Glaubenserlebnissen vorgestellt werden. Die ersten beiden Aufgaben stellen die Verbindung zur biblischen Deutung her, die dritte Aufgabe führt in ein Unterrichtsgespräch über die Lebensgeschichten ein. Dabei kann die Lehrkraft darauf hinweisen, dass die Lebens- und Glaubensgeschichten vieler Menschen nicht bruchlos sind, sondern verschiedene Phasen aufweisen können.

Die zwei Sachtexte von Alfons Kemmer und Josef Imbach (M4) sind als Ergänzung zu sehen. Sie enthalten unterschiedliche, einander teilweise widersprechende Informationen zum Vorgang des Säens und zur Feldarbeit. Die ersten drei Aufgaben beziehen sich direkt auf die Texte und sind leicht zu beantworten. Die vierte Aufgabe kann ein kontroverses Unterrichtsgespräch über den Stellenwert historischer Fakten und der Gleichnisaussagen initiieren.

14 Die Gleichnisse vom verlorenen Schaf und der verlorenen Drachme

Die beiden Gleichnisse sind zwei kurze themengleiche Erzählungen vom Suchen und Finden, die zusammen mit dem „Verlorenen Sohn" eine Einheit bilden. Beide Gleichnisse akzentuieren die nachgehende Liebe Gottes gegenüber den Verlorenen. Die meisten Materialien dieses Abschnitts sind leicht zu bearbeiten und eignen sich daher besonders für die Klassenstufe 5/6. Zum Einstieg kann die Lehrkraft einen kleinen Gegenstand oder eine Münze im Klassenraum verstecken und die Schülerinnen und Schüler zum Suchen auffordern. Dadurch sind unmittelbare Erfahrungen mit Suchen, Ausdauer und Finden möglich, die bei der Bearbeitung der Materialien hilfreich sind. Bei M1 können die Bilder durch Nummerieren und/oder Ausschneiden und Einkleben in eine passende Reihenfolge gebracht werden (erste Aufgabe). In der zweiten Aufgabe versehen die Schülerinnen und Schüler die Bildergeschichte mit ihrem eigenen Text der Gleichnishandlung. Die Sprechblase macht deutlich, dass es sich um eine Erzählung Jesu handelt (dritte Aufgabe).

Danach lernen die Schülerinnen und Schüler beide Gleichnisse im Wortlaut des Lukasevangeliums (M2) kennen und werten sie mit Hilfe einer Tabelle aus. Ein mögliches Ergebnis zeigt die Tabelle auf der folgenden Seite.

M3 schlägt die Brücke zum Alltag der Schülerinnen und Schüler. Zu einigen vorgegebenen Dingen sollen sie zunächst in Einzelarbeit entscheiden, wie intensiv sie bei Verlust danach suchen würden oder ob sie überhaupt suchen. Leerzeilen geben Gelegenheit, ein paar persönliche Dinge einzutragen, die einer nachhaltigen Suche auf jeden Fall Wert wären.

Der diesen Abschnitt abschließende Text „Habt Vertrauen" (M4) nimmt das Gleichnis von der verlorenen Drachme auf und beschreibt das intensive Suchen und die unbändige Freude des Findens. Passende For-

Verschiedene Gleichnisse Jesu

Mögliche Lösung zu Kapitel 14, M2

	Lk 15,3–7	Lk 15,8–10	Deutung
Suchende	Hirte	Hausfrau	Typische Berufe der damaligen Zeit; Menschen wie „du und ich", jeder verliert und sucht einmal etwas; Gott sucht ...
Tätigkeit des Suchenden	geht dem verlorenen Schaf weite Wege nach, bis er es gefunden hat, freut sich nach dem Fund	stellt das ganze Haus auf den Kopf, bis sie die Münze wieder hat, freut sich nach dem Fund	Zum Suchen und Finden gehören Beharrlichkeit und Ausdauer; die Freude, gefunden zu haben, wiegt die Anstrengung des Suchens auf; Gottes suchende Liebe ist beharrlich und nachgehend
Das Gesuchte	ein Schaf	eine Münze	wichtige anvertraute Dinge; Gott sucht uns Menschen, will Gemeinschaft mit uns
Zuhörer	Zöllner, Sünder, Pharisäer, Schriftgelehrte	Zöllner, Sünder, Pharisäer, Schriftgelehrte	Menschen aus allen Gesellschaftsschichten; Gott geht allen Menschen nach, besonders den Verlorenen

mulierungen dazu sind im Text leicht zu finden (erste und zweite Aufgabe). Die dritte Aufgabe zum Schlusssatz des Textes akzentuiert die für manche Schülerinnen und Schüler evtl. noch fremde Idee, dass Gott, der Vater, mütterliche Eigenschaften aufweist. In einem Unterrichtsgespräch kann erörtert werden, ob die Formulierungen zum Suchen und Finden eher maskuline oder feminine Konnotationen beinhalten.

15 Das Gleichnis von den Tagelöhnern im Weinberg

In diesem Gleichnis ist ein Grundzug der Verkündigung Jesu angesprochen, nämlich die über menschliches Verstehen hinausgehende Güte Gottes. Gott belohnt nicht nach individueller Leistung, sondern nach seiner unverdienbaren Liebe und Fürsorge. Schülerinnen und Schüler der Sekundarstufe I besitzen allerdings ein Gerechtigkeitsempfinden, das sich durch diesen Maßstab leicht provozieren lässt. Der Konzentrationstest (M1) soll sie emotional in die Thematik des Gleichnisses verwickeln. Die Kopiervorlage M1 enthält zwei verschiedene Versionen des Konzentrationstests, die die Lehrkraft an zwei Großgruppen verteilt. In jeder Großgruppe bearbeiten die Schülerinnen und Schüler in Einzelarbeit entweder alle drei Spalten oder auch nur eine und geben ihr Blatt danach sofort ab. Bereits während des Arbeitsauftrags wird sich ein Murren einstellen, dass einige Schülerinnen und Schüler so rasch fertig sind. Nach Ende der Bearbeitungszeit braucht die Lehrkraft nicht exakt zu korrigieren, sondern kann alle Tests nach grober Durchsicht z.B. mit der Note 1/2 zurückgeben. Spätestens jetzt werden die Schülerinnen und Schüler vergleichen und wegen der offensichtlichen Ungerechtigkeit protestieren. Nach einer lebhaften Diskussion kann der ausschmückend erzählende Gleichnistext (M2) eingebracht werden. Die erste Aufgabe knüpft an die Erfahrung aus dem Konzentrationstest an und ist leicht zu beantworten. Die zweite Aufgabe erfordert ein vertieftes Nachdenken über die Handlungsmaßstäbe des Arbeitgebers und deren Auswirkungen. Diese werden in einem Schema unserer im wirtschaftlichen

Leben gewohnten Denkweise gegenübergestellt. Mögliche Ergebnisse: Der Maßstab des Handelns in unseren Alltag ist ... wer mehr arbeitet, soll auch mehr verdienen; gleicher Lohn für gleiche Arbeit. Der Maßstab, nach dem der Mann handelt, ist ... alle bekommen gleich viel (einen Denar); jeder ist mehr als seine Leistung. Die Auswirkungen sind leicht zu beschreiben.

Um deren jeweilige Situation besser zu verstehen, ordnen die Schülerinnen und Schüler in M3 zunächst einige vorgegebene Textteile in Mindmaps ein und ergänzen diese durch eigene Beiträge.

Die in M4 vorgegebenen Sätze ermöglichen den Schülerinnen und Schülern eine abschließende Stellungnahme zur Frage der Gerechtigkeit Gottes und zur Anwendbarkeit der Gleichnisaussage im heutigen wirtschaftlichen Leben. Die Aufgaben inszenieren diese Stellungnahme in drei Schritten (think – pair – share): Nach dem selbstständigen Überlegen jedes Einzelnen werden die ausgewählten Sätze in Partnerarbeit besprochen und schließlich ins Klassenplenum eingebracht, wo sich ein Unterrichtsgespräch entwickeln kann.

12. Vom Senfkorn (Mt 13,31 f.) | M1

Synoptischer Vergleich

Mk 4,30–32
³⁰Er sagte: Womit sollen wir das Reich Gottes vergleichen, mit welchem Gleichnis sollen wir es beschreiben? ³¹Es gleicht einem Senfkorn. Dieses ist das kleinste von allen Samenkörnern, die man in die Erde sät. ³²Ist es aber gesät, dann geht es auf und wird größer als alle anderen Gewächse und treibt große Zweige, sodass in seinem Schatten die Vögel des Himmels nisten können.

Mt 13,31 f.
³¹Er erzählte ihnen ein weiteres Gleichnis und sagte: Mit dem Himmelreich ist es wie mit einem Senfkorn, das ein Mann auf seinen Acker säte. ³²Es ist das kleinste von allen Samenkörnern; sobald es aber hochgewachsen ist, ist es größer als die anderen Gewächse und wird zu einem Baum, sodass die Vögel des Himmels kommen und in seinen Zweigen nisten.

Lk 13,18 f.
¹⁸Er sagte: Wem ist das Reich Gottes ähnlich, womit soll ich es vergleichen? ¹⁹Es ist wie ein Senfkorn, das ein Mann in seinem Garten in die Erde steckt; es wuchs und wurde zu einem Baum und die Vögel des Himmels nisteten in seinen Zweigen.

Sachinformation zum Senfkorn: Das Samenkorn des *schwarzen Senfs* ist nicht zu verwechseln mit den Körnern des *weißen Senfs*, der bei uns zum Würzen von Essiggurken dient und deutlich größer ist. Es erreicht nur einen Durchmesser von etwa 0,8 mm. Tausend Körner wiegen 1g. Die Pflanze wächst sehr schnell heran und erreicht eine Höhe von 2–3 m.

Markus	Matthäus	Lukas
Reich Gottes		
Gleichnis		
Senfkorn		
Samenkörner		
Erde		
Gewächse		
Zweige		
Schatten		
Vögel des Himmels		

1. In der ersten Spalte sind alle Substantive aus dem Markus-Text eingetragen. Kreuze an, wenn bei Matthäus bzw. Lukas die gleichen Substantive vorkommen. Trage neue Substantive in neue Zeilen ein.
2. Das Gleichnis beschreibt Kennzeichen des Reiches Gottes. Erläutere diese Kennzeichen mit Hilfe der mehrfach genannten Substantive.
3. Deute folgende Begriffspaare im Hinblick auf das Reich Gottes: *Senfkorn – Samenkörner; Gewächse – Zweige; Schatten – Vögel des Himmels*

M2 | 12. Vom Senfkorn (Mt 13,31 f.)

Es wird erlassen

Wer eine Blume pflanzt,
darf nicht mehr gefragt werden:
Warum pflanzest Du keinen Baum?

Wer einen kleinen Schritt wagt,
darf nicht mehr gefragt werden:
Warum bist Du nicht schon am Ziel?

Wer auch nur einen Gedanken zu Ende denkt,
darf nicht mehr gefragt werden:
Warum weißt Du nicht den Ausweg?

Wer noch einen Traum hat,
darf nicht mehr gefragt werden:
warum reicht Deine Hoffnung nicht für alle?

Bernhard Kraus: Es wird erlassen, aus: Höchste Zeit zu leben, hrsg. von Bernhard Kraus und Gaby Melcher, S. 101, ©Verlag Herder GmbH, Freiburg i. Breisgau, 1986

---

1. Unterstreiche, was dem *Samenkorn* aus dem Gleichnis entspricht.
2. Beschreibe, welchen Gedanken des Gleichnisses das Gedicht hervorhebt.
3. Ergänze weitere Strophen, z. B. mit folgenden Anfängen:

Wer einen wenig beachteten Mitschüler einlädt,
darf nicht mehr gefragt werden:

_____

Wer noch den Blick für ein Wunder im Alltag hat,
darf nicht mehr gefragt werden:

_____

Wer heute noch betet,
darf nicht mehr gefragt werden:

_____

12. Vom Senfkorn (Mt 13,31 f.) | M3

Bilder für das Reich Gottes

Personen: Miriam (M), Andreas (A), Ruben (R)

A: Jesus hat uns versprochen, dass das Reich Gottes bald anfängt.

R: Was heißt da „bald anfängt"? Er meinte doch neulich, es habe schon angefangen. Es breitet sich schon unter uns aus.

M: Ja, genau. Jedes Mal, wenn Jesus einen Menschen heilt, mit Ausgestoßenen wie den Zöllnern redet und mit ihnen isst und sich mit Frauen und Kindern abgibt, dann kommt es mir vor, als sei ich in einem fremden Land.

R: Du hast Recht. Aber das Reich Gottes hat nichts mit Eroberungen und Grenzen zu tun wie das Reich der Römer, die unser Land besetzt halten. Kein Land, keine Hauptstadt, kein Palast, keine Soldaten.

A: Manche wollen aber genau das. Denk nur an den Kampf der Zeloten gegen die Römer. Die wollen die Römer mit Gewalt vertreiben und hoffen auf den Messias, der ihren Kampf als Feldherr anführt.

M Da sind sie bei Jesus an der falschen Adresse. Er scheint jedenfalls nicht dieser Anführer sein zu wollen.

R: Das stimmt. Deshalb verstehe ich ihn oft auch nicht. Wo ist denn sein Reich Gottes? Er erzählt ja viele Gleichnisse darüber und redet davon in Bildern. Die sollte mir mal jemand erklären.

A: Erst vor kurzem erzählte Jesus zwei Gleichnisse vom Reich Gottes. Eines handelte von einem Senfkorn, und das andere … das fällt mir jetzt gerade nicht mehr ein. Miriam, du warst doch auch dabei.

M: Typisch Andreas! Du hast sicher noch nie einen Teig gemacht. Jesus erzählte doch das Gleichnis vom Sauerteig. Ich erzähl's euch noch mal:
Mit dem Reich Gottes ist es wie mit einem Sauerteig, sagte er. *Du nimmst nur eine Handvoll davon und mischst ihn unter eine große Menge Mehl und Wasser. Dann lässt du den Teig ruhen, bis die ganze Masse durchsäuert ist.*
Das war's schon.

R: Das Rezept kenne ich auch. Aha: Das Reich Gottes ist wie eine Handvoll Sauerteig!? Das heißt ja, dass Gottes Reich nicht nur von unserer Anstrengung abhängt. Es wirkt aus eigener Kraft und auf verborgene Weise. Viel können wir da gar nicht machen. Nur eine Handvoll Sauerteig, das ist ja nicht viel. Und so klein und unscheinbar beginnt also das Reich Gottes unter uns. Schließlich sind dann alle Lebensbereiche davon betroffen.

M: Wenn das Reich Gottes, wie du sagst, aus eigener Kraft wirkt, dann können wir ja so gut wie nichts dazu beitragen.

A: Na ja, ganz so ist es nicht. Die kleine Menge Sauerteig muss eben doch erst in den ganzen Teig hineinkommen. Genau so müssen wir bereit sein, Jesu Worte aufzunehmen und in uns wirken zu lassen. Oft sind wir gar nicht offen dafür. Wie oft sagt Jesus, dass wir seiner Botschaft vertrauen und ihr unsere Aufmerksamkeit schenken sollen.

---

1. Markiere mit (+) die richtigen Aussagen und mit (−) die falschen Aussagen zum Reich Gottes.
2. Schreibe einen kurzen eigenen Text, wie sich nach dem Sauerteig-Gleichnis das Reich Gottes ausbreitet.
3. Deute das Gleichnis vom Senfkorn entsprechend.

© 2019, Vandenhoeck & Ruprecht GmbH & Co. KG, Göttingen / www.v-r.de

M1 | 13. Vom vierfachen Ackerfeld (Mt 13,1–9)

Walter Back, Das vierfache Ackerfeld

Holztiefdruck von Walter Back, Reutlingen

Und er redete vieles zu ihnen in Gleichnissen und sprach:
Siehe, es ging ein Sämann aus zu säen. Und indem er säte, fiel einiges auf den Weg; da kamen die Vögel und fraßen's auf. Einiges fiel auf felsigen Boden, wo es nicht viel Erde hatte, und ging bald auf, weil es keine tiefe Erde hatte. Als aber die Sonne aufging, verwelkte es, und weil es keine Wurzel hatte, verdorrte es. Einiges fiel unter die Dornen; und die Dornen wuchsen empor und erstickten's. Einiges fiel auf gutes Land und trug Frucht, einiges hundertfach, einiges sechzigfach, einiges dreißigfach. Wer Ohren hat, der höre!

1. Beschreibe die vier Teile des Bildes. Vergleiche deine Beschreibungen mit dem Text Mt 13,3–9.
2. Versuche, die Darstellung des Baumes in diesem Zusammenhang zu deuten.
3. Beachte die feinen Einprägungen im Papier in jedem Feld, versuche eine Deutung.

© 2019, Vandenhoeck & Ruprecht GmbH & Co. KG, Göttingen / www.v-r.de

13. Vom vierfachen Ackerfeld (Mt 13,1–9) | M2

Beispiele

1. Ordne jedem der vier Teile jeweils drei Eigenschaften zu. Trage sie in die *oberen* freien Felder ein.
   abweisend   alles überwuchernd   aufnahmefähig   fruchtbar   hart   kantig   stachelig   staubig   unzugänglich   verkrustet   verletzend   weich

2. Die Eigenschaften passen auch auf Menschen und Situationen. Trage dazu geeignete Beispiele in die *unteren* freien Felder ein.

3. Lies den folgenden Bibeltext mit der Deutung des Gleichnisses vom Sämann. Finde anschauliche Beispiele aus der heutigen Zeit für die vier verschiedenen Typen.

Mt 13,18–23
So hört nun ihr dies Gleichnis von dem Sämann: Wenn jemand das Wort von dem Reich hört und nicht versteht, so kommt das Böse und reißt hinweg, was in sein Herz gesät ist. Bei dem aber auf felsigen Boden gesät ist, das ist, der das Wort hört und es gleich mit Freuden aufnimmt; aber er hat keine Wurzel in sich, sondern er ist wetterwendisch; wenn sich Bedrängnis oder Verfolgung erhebt um des Wortes willen, so fällt er gleich ab. Bei dem aber unter die Dornen gesät ist, das ist, der das Wort hört, und die Sorge der Welt und der betrügerische Reichtum ersticken das Wort, und er bringt keine Frucht. Bei dem aber auf gutes Land gesät ist, das ist, der das Wort hört und versteht und dann auch Frucht bringt; und der eine trägt hundertfach, der andere sechzigfach, der dritte dreißigfach.

M3 | 13. Vom vierfachen Ackerfeld (Mt 13,1–9)

Erlebnisse mit dem Glauben

Ein leitender Angestellter
Zuletzt war ich bei der Taufe meiner Tochter in der Kirche. Dabei fiel mir mein eigener Taufspruch wieder ein: „Lobe den Herrn, meine Seele, und vergiss nicht, was er dir Gutes getan hat." In dieser Zeit ging es allerdings meiner Firma schlecht. Ich hatte Angst um meinen Arbeitsplatz und habe mich noch mehr für die Firma eingesetzt. Die Krise wurde schließlich durch harte Einschnitte und Umstrukturierungen überwunden. Heute bin ich Abteilungsleiter und für den wachsenden Export nach China zuständig. Dadurch bin ich viel unterwegs. Für die Kirche fehlt mir einfach die Zeit und das Interesse.

Eine Schülerin
Nach der Konfirmation entstand in unserer Kirchengemeinde ein neuer Jugendkreis. Spiel, Spaß und Spannung waren angesagt. Zwischendurch sangen wir auch coole geistliche Lieder. Die geistlichen Impulse der Jugendreferentin gefielen mir auch. Anfangs ging ich jede Woche gerne in diesen Kreis. In der Schule schwärmte ich bei meinen Freundinnen in den höchsten Tönen. Ich dachte, sie würden vielleicht mitkommen. Aber sie haben nur gelacht und Witze darüber gemacht, nach dem Motto „Was hast du noch mit der Kirche am Hut?". Um meine Freundinnen nicht zu verlieren, ging ich nach einiger Zeit nicht mehr in den Jugendkreis.

Ein Arzt
Ich bin von meinen Eltern im Glauben erzogen worden und ging als Kind jeden Sonntag und manchmal auch werktags in den Gottesdienst. Nach meiner Schulzeit war es klar, dass ich Theologie studierte und das Studium auch abschloss. Das Studieren und die Diskussionen um theologische Themen fand ich immer interessant und für meinen Glauben bereichernd. Allerdings kam mir bei einem Praktikum in einer Heidelberger Klinik der Gedanke, dass ich mit einem zusätzlichen Medizinstudium den Menschen konkreter helfen könnte. Inzwischen habe ich schon Hunderte Herzschrittmacher eingebaut. Täglich freue ich mich auf meine Arbeit mit den Menschen in der Klinik. Über die Jahre habe ich aber auch nicht die Freude am Glauben und an theologischen Fragen verloren. Ich gehe weiterhin regelmäßig in den Gottesdienst und lese gerne in der Bibel.

Eine Briefträgerin
In meinem Zustellbezirk gibt es auch so ein paar Kirchenleute. Das sehe ich an den religiösen Zeitschriften, die ich zustellen muss. Manchmal blättere ich darin und empfinde die Artikel mit den Bildern als interessant. Letzte Woche haben sie eine Serie über Seelsorge an alten Menschen gebracht. Dabei dachte ich an meine bettlägerige Mutter. Wenn ich mir dann aber die Leute vorstelle, denen ich diese Zeitschriften bringe, reicht es mir gleich wieder mit dem frommen Zeug. Wenn ich sehe, wie unfreundlich sie sind und mich an der Tür abfertigen, dann denke ich, es ist doch nicht weit her mit dem Glauben.

1. Gib jedem Text eine Überschrift mit folgenden Stichworten aus Mt 13,18–23: *Weg, Fels, Dornen, Boden*.
2. Suche Parallelen zwischen den vier Beispielen und dem Schrifttext (Mt 13,18–23).
3. Was kann man konkret unter folgenden vier Beschreibungen aus Mt 13,18–23 verstehen? *das Böse nimmt alles weg, keine Wurzeln/unbeständig, Sorgen dieser Welt/trügerischer Reichtum, Frucht bringen*.

13. Vom vierfachen Ackerfeld (Mt 13,1-9) | M4

Sachinformationen

A: Um es richtig zu verstehen, muss man wissen, wie im damaligen Palästina der Ackerbau betrieben wurde; sonst erscheint das Verhalten des Sämanns höchst ungeschickt. Das Säen erfolgte im November, nachdem der erste Frühregen das ausgetrocknete Erdreich etwas aufgeweicht hatte: Man säte vor dem Pflügen. Der Sämann schritt über das Stoppelfeld und säte absichtlich auch auf den Weg, den die Leute widerrechtlich durch das Feld getreten hatten, weil er ihn auch umpflügen wollte. Auch auf die verdorrten Dorngestrüppe säte er, um sie mit dem Samen zusammen unter die Erde zu bringen. Dass viele Körner auf felsigen Boden fielen, kommt daher, dass die Kalkfelsen oft von einer dünnen Humusschicht bedeckt waren und so kaum vom übrigen Acker unterschieden werden konnten.

Es geht dem Erzähler des Gleichnisses nicht so sehr um den Sämann als um die viererlei Arten Ackerboden, auf die er sät. Der hart getretene Weg, der felsige Grund, der mit Dornen überwucherte Boden, schließlich das gute Erdreich bieten ganz verschiedene Voraussetzungen für das Wachstum des Samens. Die auf den Weg gesäten Körner werden, bevor sie durch das Pflügen unter die Erde kommen, von den Vögeln gefressen. Auf dem felsigen Grund kann der Samen keine tiefen Wurzeln treiben, darum verdorrt die aufgekeimte Saat in der Sommerhitze schnell. Mit dem unter die Dornen gesäten Samen wachsen auch die Dornen wieder auf und ersticken die Saat. Nur der auf guten Boden gestreute Same bringt Frucht, und zwar dreißig-, sechzig- und hundertfache. Diese Zahlen scheinen zu hoch gegriffen. Man hat aber festgestellt, dass in Palästina ein einziges Samenkorn unter günstigen Bedingungen 150, ja sogar 350 Körner hervorbringen kann.

Kemmer, Alfons: Gleichnisse Jesu, Wie man sie lesen und verstehen soll, Freiburg 1981, S. 24, ©Verlag Herder GmbH, Freiburg im Breisgau, 2. Aufl. 1983

B: Selbst weniger bibelfeste Leserinnen und Leser werden schnell feststellen, dass diese ganze Episode von Ungereimtheiten geradezu strotzt. Das Dorngestrüpp und der Weg befinden sich am Rand des Feldes. Dass beim Säen ein paar Körner auch dorthin fallen, ist so selbstverständlich, dass ein Sämann nun wirklich keinen Gedanken darauf verwendet. Und schon gar nicht wird ein Bauer das kostbare Saatgut auf ein Feld mit dünner Erdschicht und felsigem Untergrund ausstreuen; warum das verfehlt ist, hat ihm der Großvater ja schon erklärt, als er noch ein kleiner Junge war ...

Auch wer kein Fachstudium in Agronomie absolviert hat, wird auf Anhieb merken, dass in dieser Geschichte einzig das vertraute *Bild vom Sämann* wirklichkeitsbezogen ist, während die *geschilderte Episode* völlig realitätsfern wirkt.

Der Grund dafür ist leicht einzusehen. Das gängige Bild vom Sämann wird nicht benützt, um eine bestimmte Unterweisung daraus abzuleiten. Gerade umgekehrt gilt: Die Grundaussage steht bereits fest und wird nun mittels dieses alltäglichen Bildes illustriert. Dies bestätigt die Interpretation, welche auf das Gleichnis selbst folgt.

Imbach, Josef: Und lehrte sie in Bildern, Die Gleichnisse Jesu – Geschichten für heute, Topos-plus-Taschenbücher 2003, S. 85 f.

---

1. Finde den grundlegenden Unterschied in den Beschreibungen heraus.
2. Begründe aus Text A, warum die Aussaat auf unterschiedlichen Grund üblich war.
3. Nenne Gründe aus Text B, warum „die geschilderte Episode völlig realitätsfern wirkt".
4. Ist es für die Deutung des Gleichnisses wichtig, welche Sachinformation zutrifft?

M1 | 14. Vom verlorenen Schaf und der verlorenen Drachme

Lk 15,1–7

1. Bringe die Bilder in eine passende Reihenfolge.
2. Schreibe zu jedem Bild einen Satz, der das Bild beschreibt. So erhältst du eine kurze Nacherzählung des Gleichnisses.
3. Das ganze Bild ist in eine Sprechblase eingezeichnet. Kannst du das erklären?

© 2019, Vandenhoeck & Ruprecht GmbH & Co. KG, Göttingen / www.v-r.de

14. Vom verlorenen Schaf und der verlorenen Drachme | M2

Lk 15,1–10

Es nahten sich ihm aber allerlei Zöllner und Sünder, um ihn zu hören. Und die Pharisäer und Schriftgelehrten murrten und sprachen: Dieser nimmt die Sünder an und isst mit ihnen.

Er sagte aber zu ihnen dies Gleichnis und sprach: Welcher Mensch ist unter euch, der hundert Schafe hat und, wenn er *eins* von ihnen verliert, nicht die neunundneunzig in der Wüste lässt und geht dem verlorenen nach, bis er's findet? Und wenn er's gefunden hat, so legt er sich's auf die Schultern voller Freude. Und wenn er heimkommt, ruft er seine Freunde und Nachbarn und spricht zu ihnen: Freut euch mit mir; denn ich habe mein Schaf gefunden, das verloren war. Ich sage euch: So wird auch Freude im Himmel sein über *einen* Sünder, der Buße tut, mehr als über neunundneunzig Gerechte, die der Buße nicht bedürfen.

Oder wenn eine Frau zehn Drachmen hat und eine davon verliert, zündet sie dann nicht eine Lampe an, fegt das ganze Haus und sucht unermüdlich, bis sie das Geldstück findet? Und wenn sie es gefunden hat, ruft sie ihre Freundinnen und Nachbarinnen zusammen und sagt: Freut euch mit mir; ich habe die Drachme wiedergefunden, die ich verloren hatte. Ich sage euch: Ebenso herrscht auch bei den Engeln Gottes Freude über einen einzigen Sünder, der umkehrt.

	Lk 15,3–7	Lk 15,8–10	Deutung
Suchende			
Tätigkeit des Suchenden			
Das Gesuchte			
Zuhörer			

1. Fülle die ersten beiden leeren Spalten der Tabelle aus.
2. Schreibe zu jeder der vier Zeilen einen deutenden Satz.

© 2019, Vandenhoeck & Ruprecht GmbH & Co. KG, Göttingen / www.v-r.de

M3 | 14. Vom verlorenen Schaf und der verlorenen Drachme

Suchen im Alltag

	gar nicht	nur kurz	bis ich es habe
Smartphone			
Bio-Buch			
Monatskarte			
Halstuch			
Terminkalender			
Sporttasche			
Papiertaschentücher			
Lieblingsmütze			
10 €			
Fahrradschloss			

1. Stelle dir vor, du würdest die in der Tabelle angegebenen Dinge verlieren. Kreuze jeweils an, wie du danach suchen würdest.
2. Ergänze mindestens drei Dinge, die du auf jeden Fall suchen würdest, bis du sie gefunden hast.

Verschiedene Gleichnisse Jesu

14. Vom verlorenen Schaf und der verlorenen Drachme | M4

Habt Vertrauen

[...]
jeden Tag geht die Frau in fremde Häuser
erwartet von schmutziger Wäsche, staubigen Böden
Ungeduld
zehn Geldstücke bringt sie am Zahltag nach Hause
jedes braucht sie zum Überleben
und samstags fehlt eins davon
gehetzt stöbert sie in Fächern und Schüben
jede Tasse dreht sie um, jeden Teller
sie kniet auf dem Boden
verloren darf es nicht sein
unters Bett beugt sie sich, unter Schrank und Kasten
sie wühlt mit bloßen Händen im Abfall
nicht aufgeben, spricht sie sich zu
es ist fehlendes Brot
erschöpft
mit schmerzenden Gliedern, jagendem Herzen
sucht sie ein zweites, ein drittes Mal
schiebt den Besenstiel in den hintersten Winkel
die schmalste Spalte
und bringt zurück von Staub umhüllt

sie nimmt das Geldstück in die Hand
wischt es zärtlich ab
riecht das gute Brot
wirft die Müdigkeit fort, tanzt um den Tisch
klopft atemlos bei den Freundinnen an
weil sie teilen will und schenken
die Freude
den Dank
das Glück:
was verloren war, ist wiedergefunden

habt Vertrauen, sagt Jesus und freut euch
so mütterlich sucht und liebt euch
mein Vater

Christa Peikert-Flaspöhler, Habt Vertrauen und freut euch, in: Sigrid und Horst Klaus Berg (Hg.): Himmel auf Erden. Wunder und Gleichnisse, München 1989, S. 23

1. Unterstreiche Formulierungen, die das intensive Suchen beschreiben.

2. Unterstreiche mit einer anderen Farbe Formulierungen, die die Freude über das Finden zum Ausdruck bringen.

3. Erörtere den Schlusssatz „so mütterlich sucht und liebt euch mein Vater".

M1 | 15. Von den Tagelöhnern im Weinberg (Mt 20,1–15)

Konzentrationstest

Konzentrationstest			Anzahl der richtigen Aufgaben: _____
7+2−4 5−2+3 _____	6+4+1 3+9−7 _____	3−1+7 8−5+1 _____	
8+3+1 4+4−3 _____	8−3−1 3+6+2 _____	6+1+3 5−4+7 _____	Bearbeite alle drei Spalten des Konzentrationstests. Gehe dabei so vor:
9−3+2 2+8+6 _____	4+4+1 2+7+1 _____	1+6−3 9−6−1 _____	Berechne in jedem Kästchen die beiden Aufgaben im Kopf und bilde die Differenz zwischen der größeren und der kleineren Ergebniszahl.
9−5−1 5−2+4 _____	5−3+1 7+2−1 _____	4+1−2 6+3−4 _____	
4+7+1 3+2+4 _____	8+7−6 4+5+6 _____	3+4+5 6+5−2 _____	
4−2+7 1+9−4 _____	4+2+8 8−5+2 _____	4+2−3 4+5−2 _____	Trage die Lösung auf der Linie ein.
4+3−4 2+6−3 _____	4+5+8 3+9−3 _____	1+5+7 6−5+3 _____	Beispiel: Im ersten Kästchen muss die 1 stehen
5+4−8 7−6+8 _____	7+4−5 5−3+8 _____	5+4+3 9−4+6 _____	
3+9−5 4+7−2 _____	2−1+7 4+2+1 _____	2+4+8 6+5−4 _____	Gib dein Blatt sofort nach der Bearbeitung ab..
4−2+6 4+2+8 _____	1+5+2 6+2−4 _____	9+3−6 4+8−9 _____	

Konzentrationstest			Anzahl der richtigen Aufgaben: _____
7+2−4 5−2+3 _____	6+4+1 3+9−7 _____	3−1+7 8−5+1 _____	
8+3+1 4+4−3 _____	8−3−1 3+6+2 _____	6+1+3 5−4+7 _____	Bearbeite nur die erste Spalte des Konzentrationstests. Gehe dabei so vor:
9−3+2 2+8+6 _____	4+4+1 2+7+1 _____	1+6−3 9−6−1 _____	Berechne in jedem Kästchen die beiden Aufgaben im Kopf und bilde die Differenz zwischen der größeren und der kleineren Ergebniszahl.
9−5−1 5−2+4 _____	5−3+1 7+2−1 _____	4+1−2 6+3−4 _____	
4+7+1 3+2+4 _____	8+7−6 4+5+6 _____	3+4+5 6+5−2 _____	
4−2+7 1+9−4 _____	4+2+8 8−5+2 _____	4+2−3 4+5−2 _____	Trage die Lösung auf der Linie ein.
4+3−4 2+6−3 _____	4+5+8 3+9−3 _____	1+5+7 6−5+3 _____	Beispiel: Im ersten Kästchen muss die 1 stehen
5+4−8 7−6+8 _____	7+4−5 5−3+8 _____	5+4+3 9−4+6 _____	
3+9−5 4+7−2 _____	2−1+7 4+2+1 _____	2+4+8 6+5−4 _____	Gib dein Blatt sofort nach der Bearbeitung ab.
4−2+6 4+2+8 _____	1+5+2 6+2−4 _____	9+3−6 4+8−9 _____	

Nach: Schmitt-Hartmann, Reinhard: LERNEN, lerntechniken, arbeitsmaterialien und ideen für den unterricht, Ernst Klett Verlag, Stuttgart 2003, S. 50 (gekürzt und mit Aufgabe ergänzt)

© 2019, Vandenhoeck & Ruprecht GmbH & Co. KG, Göttingen / www.v-r.de

15. Von den Tagelöhnern im Weinberg (Mt 20,1–15) | M2a

Nacherzählung des Gleichnisses

Simon ist ein Tagelöhner. Das heißt, er hat keine feste Arbeitsstelle. So versucht er, Tag für Tag neu eine Arbeit für vielleicht 12 Stunden, von Sonnenaufgang bis Sonnenuntergang, zu finden. Zur Zeit Jesu gab es viele solche Tagelöhner.

Alle bringen am Abend das heim, was sie an einem Tag verdient haben. Mehr nicht. Das muss reichen: für die Frau und die Kinder dazu.

Alle Tagelöhner haben die gleiche Angst: wenn morgens um sechs nur einer oder zwei von uns Arbeit kriegen, dann müssen die anderen warten. Warten bis um sieben, um acht … Ob noch einer kommt, der Arbeit anbietet? Je höher die Sonne steigt, desto geringer die Chance. Und abends schleicht man dann heim – wie ein geprügelter Hund. Nichts, nichts verdient. Und man kann doch nichts dafür.

Kaum war die Sonne aufgegangen, steht der Mann auf dem Marktplatz. Sie kennen ihn, ein reeller Mann. Der verlangt zwar etwas, ist nicht zimperlich, aber er zahlt auch, eigentlich ganz anständig. Bei dem wird nicht erst lange gefeilscht: Einen Denar pro Tag und Arbeiter – eigentlich ein anständiger Preis. Ein Denar war der übliche Tageslohn; er reichte gerade zur Versorgung einer Familie.

Schnell sind sie einig – und ab geht's in den Weinberg. *Der* Tag ist gerettet. – Simon denkt: Heute Abend wird sich meine Frau freuen.

Im Weinberg legen sie los: immer rauf und runter; nach drei Stunden tut Simon das Kreuz weh. Macht nichts.

Was Simon nur wundert, ist, dass der Mann um neun Uhr mit neuen Leuten kommt, um zwölf Uhr mittags auch, sogar um drei Uhr nachmittags. – „Der Mann hat wohl zuviel Geld", meint einer.

Sogar nachmittags um fünf kommen noch einige Gestalten an. Alles lacht: „Schaut mal, diese Spätzünder!"

Die Gestalten verdrücken sich schnell, packen an, tauchen unter – sie wollen nicht auffallen. Man sieht es ihren Gesichtern an: Den ganzen Tag haben sie gewartet; sie haben sich schon damit abgefunden, nichts zu verdienen. –Na ja, ganz ohne was wird sie der Mann nicht laufen lassen.

Endlich werden Tische zum Auszahlen der Löhne aufgebaut. Feierabend! – „Die von fünf Uhr sollen nach vorn" ruft einer. Simon stellt sich mit den anderen hinten an. – Kaum ist dem ersten der Fünfuhrleute ausgezahlt – da reißt er die Arme hoch wie ein Sieger, tanzt herum wie wild geworden und schreit: „Ein Denar! Ein Denar!"

Das schlägt ein! „Dann kriegen wir ja – zehn, nein zwölf Denare!" Ein Übervorsichtiger dazwischen: „Es war doch aber bloß ein Denar ausgemacht!" – „Quatsch, wir kriegen bestimmt zehn! – Garantiert!"

Und dann die Bescherung: jeder kriegt nur *einen* Denar. Jeder. Ganz gleich, wie lange er im Weinberg war. Sie sehen sich an. Dann versucht es einer auf die witzige Tour: „Chef", sagt er zu dem Verwalter: „Chef, Sie täuschen sich, ich habe doch von heute früh sechs Uhr – und die hier auch!" – Der Verwalter blickt nur kurz auf: „Ich täusche mich nicht. Einen Denar pro Tag und Mann war ausgemacht. Oder? – Weiter, der Nächste."

M2b | 15. Von den Tagelöhnern im Weinberg (Mt 20,1–15)

Jetzt ist was los! Alles schreit, flucht, schimpft durcheinander. Jetzt steht Simon vor dem Mann. Er kriegt kaum ein Wort raus. Schließlich stottert er: „Sie müssen verstehen. Zwölf Stunden lang, von früh bis nacht – und die andern: eine Stunde; wir: den ganzen Tag geschuftet – die da: ein bisschen. Ihr Lohn ist – ist – ungerecht."

Abends, im Bett, kann er lange nicht einschlafen. Immer wieder sieht er Szenen des Tages vor sich: wie sie morgens losziehen – vergnügt, weil sie Arbeit haben; wie sie schwitzen und stöhnen – und mitten hinein hört er den Satz: „Ihr seid mir mehr wert als eure Leistung!" – Dann: wie die Tische zur Lohnauszahlung aufgebaut werden; wie der erste schreit: ein Denar, ein Denar! Und wieder hört er den Satz: „Ihr seid mir mehr wert als eure Leistung!" – Dann sieht er sich selbst, wie er nach Hause kommt. Seine Frau in der Haustür: Sagt ihr Gesicht nicht auch: Ich hab dich lieb; du bist mir mehr wert als deine Leistung! – Simon stutzt, hab ich nicht auch von mir gedacht – ich bin zu kurz gekommen? Wertlos? – Aber bei diesem Mann nicht.

1. Begründe, warum Simon die Entlohnung ungerecht findet.
2. Überlege Gründe für das Handeln des Mannes.
3. Fülle folgendes Schema aus:

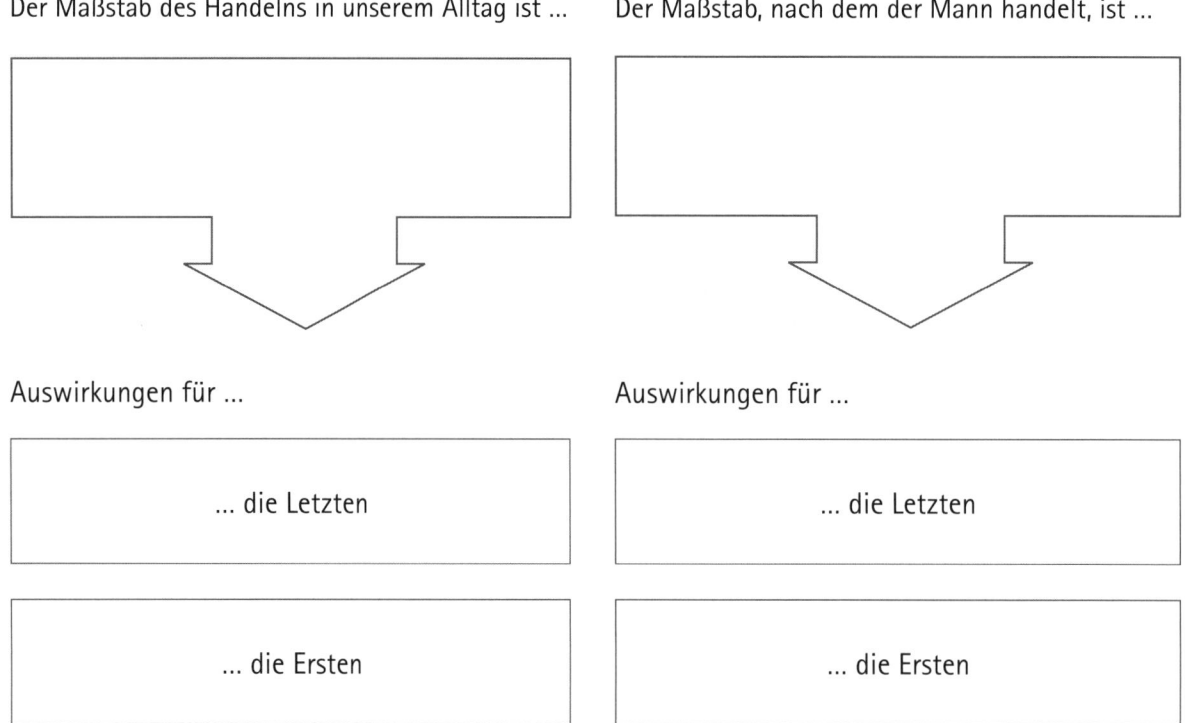

© 2019, Vandenhoeck & Ruprecht GmbH & Co. KG, Göttingen / www.v-r.de

15. Von den Tagelöhnern im Weinberg (Mt 20,1–15) | M3a

Arbeit-Mindmaps

Gesellschaftliche Anerkennung

Gesundheitliche und seelische Festigung

Arbeit

Verdienst

Gesellschaftliche Isolierung

Gesundheitliche und seelische Schädigung

Arbeitslosigkeit

Verdienstausfall

M3b | 15. Von den Tagelöhnern im Weinberg (Mt 20,1–15)

dauerndes Mitleid	Resignation
ehrenamtliche Tätigkeiten	Scham vor den Nachbarn
Erfolg	schöne Wohnung, tolles Auto
Freude bei der Arbeit	Schulden
Gefühl, dem Staat auf der Tasche zu liegen	sich etwas leisten können
Gefühl, etwas zu leisten	teilnehmen an öffentlichen Veranstaltungen
Gefühl, selbst schuld zu sein	Verlust der Arbeitskollegen
gutes Selbstwertgefühl	Verlust der Freunde
Konsumbeschränkung	Verzicht auf Urlaub
kontaktfreudig	viele Kontakte
kontaktscheu	Zukunftspläne machen
öfter in Urlaub fahren	Zweifel an den eigenen Fähigkeiten

1. Kennzeichne mit zwei Farben, welche Begriffe zu „Arbeit" bzw. „Arbeitslosigkeit" gehören.
2. Schreibe die sortierten Begriffe auf die passenden Äste in den Mindmaps.
3. Suche weitere passende Begriffe.

M4 Zustimmung oder Ablehnung?

- Arbeitgeber können nach dem Gleichnis handeln.
- Bei Gott gibt es nur „Erste".
- Vor Gott zählt nicht die größere Leistung.
- Jeder ist, was er leistet.
- Gerechtigkeit und Güte passen nicht zusammen.
- Die Letzten werden die Ersten sein und die Ersten die Letzten. (Mt. 20,16)
- Gott ist gerecht.

1. Wähle jeweils einen Satz aus, dem du zustimmen bzw. nicht zustimmen kannst.
2. Sprich mit deinem Banknachbarn über deine Sätze.
3. Stellt euer Ergebnis der Klasse vor.

© 2019, Vandenhoeck & Ruprecht GmbH & Co. KG, Göttingen / www.v-r.de

V. Die Mitte der Botschaft Jesu: Das Reich Gottes

Methodisch-didaktische Hinweise zu den Materialien

Die Gleichniserzählungen Jesu und seine Wundertaten sprechen von der Herrschaft Gottes und sind die Grundpfeiler der Reich-Gottes-Botschaft Jesu.

16 Das Reich Gottes in Gleichnissen und Wundern

Während die vorangegangenen Kapitel diese Grundpfeiler in Form einzelner Beispiele dargestellt haben, bringt dieser Abschnitt sie mit dem Reich-Gottes-Gedanken explizit in Verbindung. Er stellt damit ein wichtiges Kapitel innerhalb des Heftes dar.

Die Materialien (M1–M3) sollten als dreischrittige Einheit gesehen werden, weil die *Ergebnisse der jeweils ersten Aufgabe* stichwortartig in einen Stern (siehe Kopiervorlage M1a) eingetragen werden und somit auch graphisch den Zusammenhang zwischen den Gleichnissen Jesu, seinen Wundern und der Reich-Gottes-Botschaft verdeutlichen.

Um zu verstehen, wie Jesus in Gleichnissen vom Reich Gottes erzählt und um erläutern zu können, dass Wunder Zeichen des anbrechenden Reiches Gottes darstellen – beides sind wichtige fachliche Kompetenzen –, werden zunächst allgemeine Kennzeichen des Reiches Gottes (M1b) erarbeitet, ohne den Blick auf Gleichnisse und Wunder. Die fünf Texte des Theologen Traugott Holtz sind kurz gehalten, damit aber auch sehr dicht. Jeder Satz ist inhaltsschwer. Die Lehrkraft sollte darauf achten, dass die Schülerinnen und Schüler die Ergebnisse zu den Aufgaben auch in eigenen Worten wiederzugeben versuchen, bevor sie stichwortartig in den Ergebnis-Stern eingetragen werden.

Mögliche Ergebnisse der ersten Aufgabe:
zu 1: Reich Gottes meint das *zukünftige Leben bei Gott*;
zu 2: das Reich Gottes ist im Wirken Jesu *bereits gegenwärtig*;
zu 3: Reich Gottes ereignet sich in der *Zuwendung zu Bedürftigen*;
zu 4: das Reich Gottes ist im Reden und Handeln Jesu *erst zeichenhaft und unscheinbar*, noch nicht vollständig gegenwärtig;
zu 5: vom Reich Gottes kann man nur *bildhaft (metaphorisch)* reden.

Die Ergebnisse der ersten Aufgabe, mindestens die kursiven Stichworte, bilden den Mittelteil im Ergebnis-Stern. Die beiden weiteren Aufgaben erschließen zusätzliche Inhalte der Texte zum Reich Gottes. Als andere Bezeichnungen (zweite Aufgabe) für das Reich Gottes kommen in Frage: wirkende Gegenwart, heile Welt Gottes, zukünftiges Leben, Gemeinschaft mit Gott. Die dritte Aufgabe zielt auf die zentrale Spannung zwischen der schon angebrochenen Gegenwart und der Erwartung des Reiches Gottes. Diese Spannung in eigenen Worten zu formulieren dürfte manchen Schülerinnen und Schülern schwer fallen; deshalb ist zur Klärung ein Unterrichtsgespräch ratsam.

Der Sachtext „Gleichnisse" (M2) beschreibt zusammenfassend Inhalt und Intention einiger Gleichnisse Jesu, die teilweise bereits in Kapitel IV bearbeitet wurden. Anhand der ersten Aufgabe finden die Schülerinnen und Schüler zu jedem Kennzeichen des Reiches Gottes (M1b) mindestens ein Gleichnis und ordnen es im Ergebnis-Stern dementsprechend zu. Zusätzlich zu M2 sollten Bibeln ausgegeben werden, damit die angegebenen Stellen aufgeschlagen und die Gleichnisse nachgelesen werden können.

Mögliche Ergebnisse zur ersten Aufgabe (RG = Reich Gottes):
RG „zukünftiges Leben bei Gott": Mt 11,16–19 spielende Kinder oder Mt 25,1–13 wartende Frauen oder Lk 14,16–24 großes Gastmahl;
RG „bereits gegenwärtig": Lk 15,1–7 verlorenes Schaf; Lk 15,8–10 verlorene Münze;
RG „Zuwendung zu Bedürftigen": Lk 10,25–37 barmherziger Samariter;
RG „erst zeichenhaft und unscheinbar": Mk 4,1–9 vom Sämann; Mt 13,1–9 vierfaches Ackerfeld;
RG „bildhaft (metaphorisch)": alle Gleichnisse (siehe zweite Aufgabe).

Da der Ergebnis-Stern stichwortartig zusammenfasst und verkürzt, sollen die Schülerinnen und Schüler in der dritten Aufgabe anhand selbst gewählter Gleichnisse Jesu die Kennzeichen des Reiches Gottes in den Gleichnistexten ausführlich verifizieren. Dabei können die bereits aus Kapitel IV bekannten Gleichnisse oder andere im Text M2 genannte bearbeitet werden. Hierbei sind arbeitsteilige Unterrichtsverfahren gut anwendbar.

M3 ist dem vorhergehenden Material nachgebildet und wird auf ähnliche Weise bearbeitet. Der Sachtext fasst Inhalt und Intention einiger Wundergeschichten so zusammen, dass die Schülerinnen und Schüler in der ersten Aufgabe die Verbindung zu den Kennzeichen des Reiches Gottes (M1b) herstellen können. Manche dieser Wundergeschichten sind aus Kapitel II bekannt, andere sollten bei der Bearbeitung von M3 in der Bibel nachgelesen werden. Die Ergebnisse der ersten Aufgabe werden stichwortartig in die äußeren Zacken des Ergebnis-Sterns zu den passenden Kennzeichen eingetragen und vervollständigen damit den Ergebnis-Stern.

Mögliche Ergebnisse der ersten Aufgabe:
RG „zukünftiges Leben bei Gott": Mk 8,1–9/ Joh 6,1–13 Speisungswunder;
RG „bereits gegenwärtig": Mk 1,21–28 Dämonenheilung; Mk 2,1–12 Heilung des Gelähmten;
RG „Zuwendung zu Bedürftigen": Mk 10,46–52 Bartimäus; Lk 17,11–19 zehn Aussätzige;
RG „erst zeichenhaft und unscheinbar": Heilungen einzelner Menschen; Mahlzeiten mit Ausgestoßenen;
RG „bildhaft (metaphorisch)": Mk 4,35–41 Sturmstillung.

Durch die sehr ähnliche Materialgrundlage und Vorgehensweise in M2 und M3 können diese Materialien auch von verschiedenen Schülergruppen bearbeitet und danach im Klassenplenum zusammengeführt werden.

Zum Abschluss dieses bisher textgestützten Abschnitts wird das Bild „Tischgemeinschaft mit den Ausgegrenzten" von Sieger Köder (M4) betrachtet.

Im Sinne einer einfachen Sehschule sollen die Schülerinnen und Schüler zuerst möglichst viele Bildelemente nennen. Um die Vielzahl der Einzelheiten zu strukturieren, kann die Lehrkraft zuerst auf die Personen, deren Gesichter und Hände, und dann auf die Gegenstände verweisen. In dieser Phase ist darauf zu achten, dass noch keine Deutungen erfolgen. Erst in einem zweiten Schritt wird das Bild tiefer erschlossen und interpretiert. Die Personen von unten links an im Uhrzeigersinn (erste Aufgabe): die Zwei-Einheit eines Liebespaars, ein Indio und ein Schwarzer, die übergroßen Hände Christi mit Wundmalen beim Brechen des Brotes, eine zärtlich zugewandte Frau, eine asiatische Frau mit Kind, ein älterer farbiger Mann. Ihr Wissen um Armut und Hunger in der Welt und ihre Phantasie werden den Schülerinnen und Schülern eine Stellungnahme zum Bildtitel ermöglichen (zweite Aufgabe). Als alternativer Titel wäre evtl. „Festmahl der Menschheit" geeignet. Der Tisch ist reich gedeckt, Brote und Fische erinnern an ein Speisungswunder. Das Bild zeigt einen wichtigen Aspekt des Reiches Gottes: Die Tischgemeinschaft mit Christus und untereinander, insbesondere in Eucharistie und Abendmahl und darin in präsentischer wie eschatologischer Weise. Dies ist an der Darstellung Christi gut zu zeigen. Er ist im Austeilen der Gaben, in Brot und Wein gegenwärtig und doch mit Gesicht und Körper entzogen.

16. Das Reich Gottes in Gleichnissen und Wundern | M1a

Sternvorlage

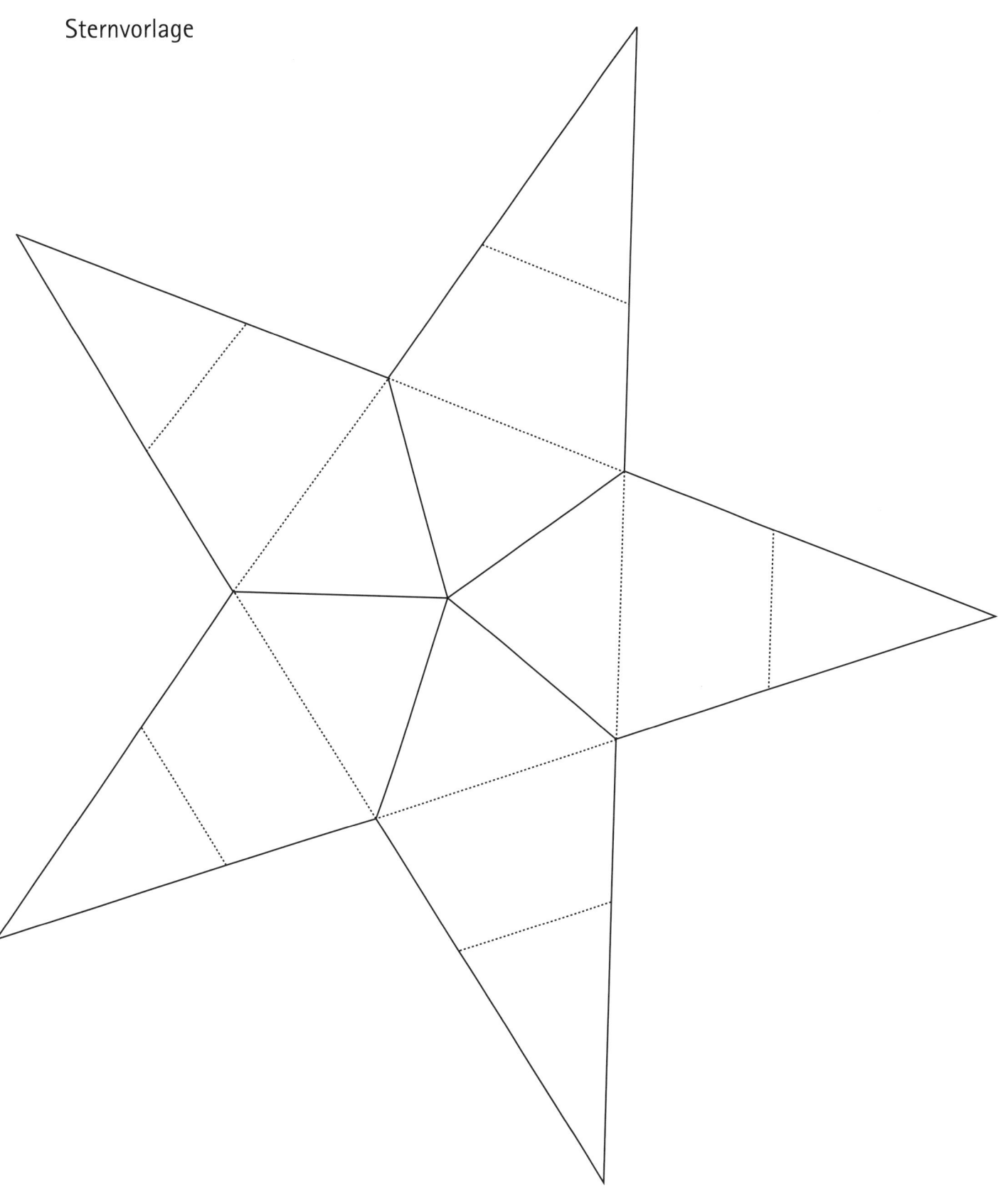

M1b | 16. Das Reich Gottes in Gleichnissen und Wundern

Kennzeichen des Reiches Gottes

Die Verkündigung des Reiches Gottes bildet die Mitte im Reden und Handeln Jesu, das erklärte oder verborgene Thema seiner Gleichnisse. Die Wundertaten Jesu wirken der Bedrohung des Daseins entgegen und stellen heiles Leben wieder her. „Das Reich Gottes ist dort, wo Gott herrscht, wo der Wille Gottes sich ungebrochen vollzieht. Es ist dort, wo das Leben so heil ist, wie Gott es geschaffen hat und wie Leben sein will." (Traugott Holtz 1999, S. 71)

> Reich Gottes bedeutet Leben. [...] Gemeint ist das erfüllte Leben, auf das sich die Sehnsucht und Hoffnung allen kreatürlichen Lebens richtet, das Ziel der Träume und Wünsche des Menschen nach Vollkommenheit. Vor allem aber ist ein Leben gemeint, das nicht mehr durch die unbekannt nahe Grenze des Todes bedrängt ist. [...] Für Jesus ist das Reich Gottes also durchaus etwas Zukünftiges.

> Merkwürdigerweise finden sich nun aber in der Jesusüberlieferung [...] auch Worte und Verhaltensweisen, die das Reich Gottes als bereits wirkende Gegenwart ausweisen.
> Jesus erhebt [...] den Anspruch, dass da, wo er Menschen heil macht, Gottes Reich bereits gegenwärtig Wirklichkeit wird. Es ist zu beachten, dass Jesus diese Wirklichkeit streng an den Vollzug seines Handelns bindet. Nicht überhaupt, ein für allemal und überall ist das Reich Gottes anwesend, sondern wann und wo Jesus sein Werk der Heilung vollbringt.

> Es ist der Sinn des Wirkens Jesu, die heile Welt Gottes darzustellen. Es ist wichtig, dass das eine Welt des aufgehobenen Leides, eine Welt des ganzen Menschen sein wird. Daher wendet sich Jesus besonders den Armen zu. [...] Indem er „Verlorenen" Gemeinschaft gewährt, werden sie endgültig aufgenommen in die Gemeinschaft Gottes. So darf also auch dieses Handeln als Darstellung des Reiches Gottes verstanden werden.

> Gewiss ist die Gegenwart des Reiches Gottes in der Tat und im Wort Jesu erst eine zeichenhafte und wie ein Angeld. [...] Jetzt ist das Reich Gottes erst wie das Senfkorn oder wie der Sauerteig, aber wenn der Tag seines Erscheinens heranbricht, dann wird es groß sein wie die Senfstaude auf dem Feld, dann wird es die ganze Schöpfung erfasst haben wie der Sauerteig den gesamten Teig. Es ist jetzt schon da, aber in seiner Größe und Fülle wird es erst in Zukunft da sein.

> Das zukünftige Leben ist in seinen Möglichkeiten und Verwirklichungen eben nicht abzuleiten von der erfahrbaren Wirklichkeit dieses Lebens, weder negativ noch positiv. Deshalb kann man von ihm nur im Gleichnis, metaphorisch reden. Eine Rede, die nicht als reale Rede missverstanden werden darf.

Aus: Traugott Holtz: Jesus aus Nazaret, S. 73–81, © 1999 by Calwer Verlag Stuttgart

1. Finde aus den Zitaten fünf Kennzeichen des Reiches Gottes heraus. Trage die Kennzeichen stichwortartig in die Felder des inneren Fünfecks ein.
2. Finde andere Bezeichnungen für das Reich Gottes in den Zitaten.
3. Erläutere den Satz: Das Reich Gottes steht noch bevor, aber es ist schon da.

© 2019, Vandenhoeck & Ruprecht GmbH & Co. KG, Göttingen / www.v-r.de

16. Das Reich Gottes in Gleichnissen und Wundern | M2

Gleichnisse

„Die Zeit ist erfüllt, und das Reich Gottes ist nahe herbeigekommen, kehrt um und glaubt an die Frohbotschaft." (Mk 1,15) Das Reich Gottes ist das Zentrum der Verkündigung Jesu. In seiner Verkündigung, besonders in den Gleichnissen und in den Wundern, verwirklicht sich das Reich Gottes, obwohl Jesus nie eine Erklärung abgibt, was er darunter versteht.

„Solches alles redete Jesus in Gleichnissen zu dem Volk, und ohne Gleichnis redete er nichts zu ihnen." (Mt 13,34)

Manche Gleichnisse sprechen direkt von dem Reich Gottes und beginnen meistens so: „Mit dem Reich Gottes ist es wie …". Zu diesen Gleichnissen gehören die sogenannten Wachstumsgleichnisse vom Sämann (Mk 4,1-9), vom Sauerteig und vom vierfachen Ackerfeld (Mt 13,1-9). Das Reich Gottes wird darin geschildert wie eine Saat, die klein und unscheinbar heranwächst. Dabei gibt es Widerstände gegen dieses Wachsen. Mancher Same verkommt, anderes wird von den Vögeln gefressen und fällt unter die Dornen. Doch allem Widerstand zum Trotz ist Gott am Werk. Sein Reich, das unscheinbar beginnt, wird sich durch ihn auch durchsetzen. Wir können wenig zum Wachstum beitragen.

Andere Gleichnisse sprechen vom Handeln Gottes im gegenwärtigen Leben. Er geht den Verlorenen nach, so wie ein Hirte sich um ein verlorenes Schaf sorgt (Lk 15,1-7) oder wie eine Hausfrau, wenn ihr eine Münze verloren gegangen ist (Lk 15,8-10). Gott gibt keinen verloren, er geht jedem nach, weil jeder Mensch in seinen Augen unersetzlich ist.

Wieder andere Gleichnisse zeigen das rechte Verhalten der Menschen, die dem Ruf Jesu folgen bzw. in seinem Sinne handeln, wie z. B. der barmherzige Samariter (Lk 10,25-37).

Daneben finden sich sogenannte „Krisis – (Entscheidungs- oder Gerichts-) Gleichnisse." In ihnen wird eine dauernde Bereitschaft gefordert, dem Ruf Jesu jetzt zu folgen. Das Angebot des Heils ergeht in der Gegenwart, bevor es zu spät ist. In der Gegenwart ist daher eine Entscheidung gefordert, um das zukünftige Heil zu gewinnen. Zu diesen Gleichnissen gehört das Gleichnis von den spielenden Kindern (Mt 11,16-19), vom unfruchtbaren Feigenbaum (Lk 13, 6-9), vom großen Gastmahl (Lk 14,16-24) oder von den wartenden Frauen (Mt 25,1-13). Gottes kommendes Heil ist in der Gegenwart noch verborgen und noch nicht offenbar. Daher ist Geduld und Wachsamkeit gefordert, die Hoffnung nicht zum Erlöschen kommen zu lassen, bis Gott endgültig kommt. Zukunft in den Augen Gottes gewinnt nur, wer sich dem bereits anwesenden, aber noch verborgenen Kommen der Gottesherrschaft zuwendet.

Die Gleichnisse reden in Bildworten vom zukünftigen heilen Leben im Reich Gottes. Sie geben keine Erklärung dieses Reiches, sondern versuchen in metaphorischer Sprache den Zuhörern das schon gegenwärtige und noch kommende Reich Gottes zuzusprechen.

---

1. Ordne einzelne *Gleichnisse* den Kennzeichen des Reiches Gottes (M1b) zu. Trage die entsprechende Bibelstelle und ein kurzes Stichwort in die ersten Felder um das Fünfeck (M1a) herum ein.

2. Zu welchem Kennzeichen passen alle *Gleichnisse*?

3. Wähle zwei *Gleichnisse* aus und suche in den Gleichnis-Texten die entsprechenden Kennzeichen des Reiches Gottes.

© 2019, Vandenhoeck & Ruprecht GmbH & Co. KG, Göttingen / www.v-r.de

M3 | 16. Das Reich Gottes in Gleichnissen und Wundern

Wunder

„Er zog in ganz Galiläa umher, lehrte in den Synagogen, verkündete das Evangelium vom Reich und heilte im Volk alle Krankheiten und Leiden." (Mt 4,23)
Neben der Verkündigung des Reiches Gottes durch Gleichnisse und Reden bilden das Helfen und Heilen Jesu einen wichtigen Schwerpunkt der Reich-Gottes-Botschaft.

In einer ganzen Reihe von Wundererzählungen werden Menschen von psychischen und körperlichen Gebrechen befreit. Dadurch verändert sich das gegenwärtige Leben dieser Menschen grundlegend. Für sie ist jetzt schon das Reich Gottes Wirklichkeit geworden: „Wenn ich aber die Dämonen durch den Finger Gottes austreibe, dann ist doch das Reich Gottes schon zu euch gekommen." (Lk 11,20) Die Gegenwart des Reiches Gottes erfahren z. B. all jene, die von Dämonen befreit werden (Mk 1,21–28; Mk 5,1–20; Mk 9,14–29), ebenso die von Lähmung, Blindheit oder Aussatz Geheilten (Mk 2,1–12; Mk 10,46–52; Lk 17,11–19).

Durch diese Krankenheilungen wird sichtbar, dass sich Jesus in besonderer Weise den Menschen am Rand der Gesellschaft zuwendet, Menschen also, die isoliert und ausgestoßen leben müssen. Wie schon in vielen Gleichnissen, sind auch in den Wundererzählungen die Verlorenen ihrer Zeit im Blickfeld Jesu.

Dennoch werden nicht alle geheilt. In den geheilten Menschen zeigt sich aber im Kleinen der Anbruch einer zukünftigen heilen Welt – Spuren des Reiches Gottes, dessen Vollendung noch aussteht. Die Fülle dieses zukünftigen Lebens lässt sich in den Speisungswundern besonders gut erkennen, wenn mit Wenigem Viele satt werden (Mk 8,1–9; Joh 6,1–13). Jesus schildert die Gemeinschaft im Reich Gottes als großes Festmahl (Lk 14,16–24). Die Mahlzeiten Jesu mit Zöllnern und Sündern sind Vorschein dieses himmlischen Festmahls.

Manche Wundergeschichten werden bildhaft symbolisch verstanden, z. B. die Erzählung von der Sturmstillung (Mk 4,35–41). Da die meisten Menschen eine Rettung aus Seenot zum Glück nicht nötig haben, kann diese Erzählung als metaphorische Rede auf andere bedrohliche Situationen übertragen werden. Die Angst der Jünger im Boot, über dem die stürmischen Wellen zusammenschlagen, wird dann mit Ängsten heute verglichen. Stürme, die das Leben bedrohen, und Situationen, wo das Wasser bis zum Hals steht, kennen auch wir. In solchen Lebenslagen kann die Erzählung von der Sturmstillung Hoffnung zusprechen, dass Jesus unsere Ängste beruhigt, so wie er den Sturm und die Wellen beruhigt hat.

---

1. Ordne einzelne *Wunder* den Kennzeichen des Reiches Gottes (M1b) zu. Trage die entsprechende Bibelstelle und ein kurzes Stichwort in die nächsten Felder um das Fünfeck (M1a) herum ein.

2. Wähle eine *Wundererzählung* aus und stelle die entsprechenden Kennzeichen in eigenen Worten dar.

© 2019, Vandenhoeck & Ruprecht GmbH & Co. KG, Göttingen / www.v-r.de

16. Das Reich Gottes in Gleichnissen und Wundern | M4

Sieger Köder, Tischgemeinschaft mit den Ausgegrenzten

„Das Mahl" aus dem Misereor-Hungertuch „Hoffnung den Ausgegrenzten" von Sieger Köder,
© MVG Medienproduktion, 1996

1. Beschreibe die Personen von unten links an im Uhrzeigersinn. Achte auf die Beziehungen der Personen untereinander.
2. Erläutere den Titel „Tischgemeinschaft mit den Ausgegrenzten". Denke dir einen anderen passenden Titel aus.
3. Beschreibe die Darstellung Christi.
4. Deute das Bild als Bild vom Reich Gottes. Hinweis: Beachte die Materialien M1–3.

VI. Deutungen von Wundern und methodische Zugänge

Methodisch-didaktische Hinweise zu den Materialien

Seit dem frühen Christentum wird um eine angemessene theologische Deutung der biblischen Wunder gerungen.

17 Verschiedene Deutungstypen zu zwei Wundern

Ohne das ganze Spektrum möglicher Deutungen in den Arbeitsmaterialien darstellen zu können, werden vier heute repräsentative Deutungstypen kurz vorgestellt und dann an zwei biblischen Beispielen veranschaulicht.

M1 erläutert den heute weit verbreiteten sozialgeschichtlichen Deutungstyp, besonders vertreten von G. Theißen, und den tiefenpsychologischen Deutungstyp, der die seelischen Anliegen heutiger Leser in der biblischen Geschichte aufzeigt und so die Bibel in einen existentiellen Bezug zu heutigen Menschen setzt. Kurz dargestellt wird außerdem noch die feministische Deutung als ein Gegenpol zu einer lange Zeit vorherrschenden männlichen Auslegung der Bibel. Die Jahrhunderte lang gültige supranaturalistische Wunderinterpretation als eine wortwörtliche Übernahme des Geschilderten lebt in fundamentalistischen Kreisen weiter. Diese vier Deutungsmöglichkeiten der Wunder sollen in den Materialien M2 und M3 bearbeitet und benannt werden.

Die ersten beiden Deutungen des Wunders der Heilung der syrophönizischen Frau (Mk 7,24-30) in M2 werden zunächst mit zwei Aufgaben immanent geklärt, dann wird in zwei Aufgaben zu beiden Deutungen nach dem jeweiligen Deutungstyp gefragt. Es ist leicht erkennbar, dass es sich um eine sozialgeschichtliche und bei F. Alt um eine feministische Deutung handelt.

Das Wunder der Auferweckung des Jünglings von Nain (M3) wird nach demselben Frageprinzip wie in M2 erarbeitet. Obwohl die Schülerinnen und Schüler nur die supranaturalistische, wortwörtliche und die tiefenpsychologische Deutung (J. Imbach) benennen sollen, kann sich hier nochmals die Frage nach der Geschichtlichkeit dieses Wunders stellen. Hat Jesus tatsächlich einen Menschen auferweckt? Exegetisch lässt sich dazu sagen, dass Lk 7,11–17 formgeschichtlich von der alttestamentlichen Erzählung der Erweckung eines Jungen durch den Propheten Elia (1 Kön 17, 17–24) und gleichzeitig von hellenistischen Totenerweckungs-Erzählungen (z.B. Apollonius von Tyana) beeinflusst ist. In der Verkündigung des Glaubens an Jesus Christus konnte Jesus so als ein Wundertäter dargestellt werden, wie er im Judentum und in der hellenistischen Welt nicht unbekannt war. Eventuell kann die Lehrkraft an dieser Stelle nochmals auf Kapitel III „Glaube und Wunder", Abschnitt 10 „Wunder im Glauben", wiederholend eingehen, wo die Wunder als Auferstehungsgeschichten zur Sprache kamen.

18 Verschiedene methodische Zugänge zum Gleichnis vom barmherzigen Samariter

Das Gleichnis vom barmherzigen Samariter soll mit verschiedenen Methoden erschlossen werden. Das didaktisch Interessante ergibt sich nicht so sehr aus dem bekannten Inhalt und den Methoden im Einzelnen, sondern aus der Vielfalt dieser unterschiedliche Sinne ansprechenden Methoden. Grundvoraussetzung der unterschiedlichen Bearbeitung des Gleichnisses ist allerdings, dass der Text allen Schülerinnen und Schülern mit den entsprechenden Sachinformationen aus M1 bekannt ist. Daher empfiehlt es sich, zur Klärung dieser sachlichen Grundlagen zuerst M1 zu bearbeiten. Die weiteren vorgeschlagenen kreativ-ganzheitlichen Methoden können je nach Zeit und persönlicher Vorliebe der Lehrkraft eingesetzt werden.

M2 als gestalterischer Zugang ist vom Niveau sicher einfach, eher für die Klassenstufen 5/6 gegeignet. Durch das Zeichnen des Hintergrundes soll die Phantasie der Schülerinnen und Schüler angeregt und dadurch ein erster Aktualisierungsversuch gewagt werden.

M3 schlägt eine eher ungewohnte Methode vor, indem die Schülerinnen und Schüler individuell unterschiedliche Bewegungen zu einzelnen Sätzen aus dem Gleichnis ausprobieren. Am besten macht jede Schülerin und jeder Schüler für sich die Bewegungen im Klassenraum und notiert sich dann individuell diese Bewegungen auf dem Arbeitsblatt. Eine Besprechung oder Vorführung der gewählten Bewegungen ist nicht unbedingt notwendig. Allerdings können einige Schülerinnen und Schüler, wenn sie wollen, ihre Sätze mit den entsprechenden Bewegungen in der Klasse zeigen.

M4 stellt einen aktuellen Bezug dieses Gleichnisses vor. Sogar in seiner Wortwörtlichkeit ist das Gleichnis in dieser Aktualisierung beklemmend. Mit der dritten Aufgabe soll die unmittelbare Parallele zu dem biblischen Gleichnis überschritten und ein Beispiel aus unserer Zeit gefunden werden.

M5/M6 Die beiden Bilder von M. Liebermann und R.P. Litzenburger sind ungewöhnliche Darstellungen des Gleichnisses und erfordern ein genaues Hinschauen. Daher wird das erste Bild von M. Liebermann in einer klassischen Bildbetrachtung mit Aufgaben erschlossen. In der zweiten Aufgabe werden die Unterschiede zum biblischen Gleichnis dargestellt (z.B. ein Waldstück mit wenigen Bäumen, ein Spaziergänger, der mit seinem Hund vorbeigeht, eine Frau und ein Mann, die dem Verletzten gemeinsam helfen). Mit der dritten Aufgabe soll sich die Lerngruppe, so schwer dies auch ist, in die Frau oder den Mann hineinversetzen, um so eine erste existentielle Annäherung über das Bild hinaus zu versuchen. Dazu dient auch die Skizze des Liebermannbildes in M5b, die die Schülerinnen und Schüler zum Ausdruck der Stimmung der betreffenden Personen kolorieren sollen.

Die Darstellung von R.P. Litzenburger (M6) hält eher formalisiert den Moment fest, in dem sich der barmherzige Samariter über den unter die Räuber Gefallenen beugt und ihm aufhilft. Zur ersten Aufgabe können der Baum, der Esel, der Überfallene, der Samariter und der Weg genannt werden. Die Tabelle zur zweiten Aufgabe dient dann dem genaueren Erfassen der beiden Personen.

Als Antworten zur dritten Aufgabe können genannt werden: Baum: wie ein Kran, der aufrichtet; kahle Äste als Hinweis auf den landeskundlichen Kontext. Esel: Rücken geht in den Rücken des Samariters über, sie tragen gemeinsam; Kopfhaltung wie schreiend, mitleidend.

M 7 wählt die vielen Schülerinnen und Schülern vertraute Methode des Rollenspiels. Die Spieler der Personen des Gleichnisses erhalten auf Karten kurze Hinweise auf mögliche Spielhandlungen. Durch diese Rollenkarten wird das Spiel zwar vorstrukturiert, bietet aber trotzdem noch Möglichkeiten zur freien Spielgestaltung. Das Rollenspiel kann in verschiedenen Spielrunden von mehreren Gruppen mit unterschiedlichen Ideen vorgetragen werden.

M1 | 17. Verschiedene Deutungstypen

Kurze Beschreibung

Die Wundererzählungen in den Evangelien lassen sich unterschiedlich deuten. Die Deutungstypen hängen davon ab, aus welchem Blickwinkel die Wundererzählung betrachtet wird. Unterschiedliche Personen und unterschiedliche gesellschaftliche Hintergründe bestimmen diese Blickwinkel. Außer der Theologie bilden andere Fachrichtungen wie Psychologie, Sozialwissenschaften, Geschichte und Geographie eine Art Brille, durch die wir auf den biblischen Text schauen.

Aus der Fülle möglicher Deutungstypen werden vier Beispiele kurz beschrieben.

1. Der sozial-geschichtliche Deutungstyp
Die sozialen und geschichtlichen Hintergründe werden geklärt. Dazu gehören auch die wirtschaftlichen und politischen Verhältnisse jener Zeit. Da oft Quellen fehlen und der zeitliche Abstand groß ist, gelingt diese Klärung nicht immer vollständig. Dennoch hilft der Versuch, diese Hintergründe zu klären, zum besseren Verständnis des Wunders.

2. Der psychologische Deutungstyp
Die Lebensumstände und die Beziehungen der Menschen in den Wundererzählungen können mit Hilfe der Psychologie betrachtet werden. Dabei wird versucht, den inneren, seelischen Zustand der Personen zu erfassen und in Worte zu fassen. Die Worte und Taten Jesu bewirken häufig eine andere psychische Situation und eine neue Verhaltensmöglichkeit für die betroffenen Menschen.

3. Der feministische Deutungstyp
Lange Zeit wurden Wundererzählungen ausschließlich von Männern gedeutet, und dabei die besondere Sicht der Frauen zu wenig berücksichtigt. Inzwischen werden Wundererzählungen von Frauen gedeutet und die Frauen in den Wundererzählungen stärker mit einbezogen. Neue Erkenntnisse bereichern auf diese Weise die Vielfalt der Auslegungen.

4. Der wortwörtliche Deutungstyp
Bis in unsere Tage werden alle Wundererzählungen von manchen Theologen wortwörtlich gelesen. Jahrhunderte lang war diese Sichtweise die einzig gültige. Nach diesem Deutungstyp geben die Evangelisten jedes Wort und jede Handlung Jesu genau wie in einem Bericht wieder. Heute wird zwischen tatsächlichen Wundern Jesu und nachösterlichen Wundererzählungen unterschieden, die aus dem Glauben an den Auferstandenen geformt wurden und diesen Glauben an den Auferstandenen bestärken wollen.

> Erkläre deinem Nachbarn zwei der vier Deutungstypen und lass dir die beiden anderen von ihm erklären.

© 2019, Vandenhoeck & Ruprecht GmbH & Co. KG, Göttingen / www.v-r.de

17. Verschiedene Deutungstypen | M2a

Die syro-phönizische Frau (Mk 7, 24–30)

Und er stand auf und ging von dort in das Gebiet von Tyrus. Und er ging in ein Haus und wollte es niemanden wissen lassen und konnte doch nicht verborgen bleiben, sondern alsbald hörte eine Frau von ihm, deren Töchterlein einen unreinen Geist hatte. Und sie kam und fiel nieder zu seinen Füßen – die Frau war aber eine Griechin aus Syrophönizien – und bat ihn, dass er den bösen Geist von ihrer Tochter austreibe.

Jesus aber sprach zu ihr: Lass zuvor die Kinder satt werden; es ist nicht recht, dass man den Kindern das Brot wegnehme und werfe es vor die Hunde. Sie antwortete aber und sprach zu ihm: Ja, Herr; aber doch fressen die Hunde unter dem Tisch von den Brosamen der Kinder. Und er sprach zu ihr: Um dieses Wortes willen geh hin, der böse Geist ist von deiner Tochter ausgefahren. Und sie ging hin in ihr Haus und fand das Kind auf dem Bett liegen, und der böse Geist war ausgefahren.

Erste Deutung

Diese Geschichte der syro-phönizischen Frau ist nicht leicht zu verstehen, besonders weil Jesus die Frau mit einem schwerverständlichen Bildwort zurückweist. Die Stadt Tyros gehörte damals zur römischen Provinz Syrophönizien, die an das von Juden bewohnte Galiläa grenzte. In Tyros wohnte die Syrophönizierin, die auch im Text „griechische Frau" genannt wird. Die Griechen, die dort wohnten, gehörten zur gesellschaftlichen Oberschicht, die vom Handel lebte. Die reiche Handelsstadt Tyros am Mittelmeer kaufte immer wieder im jüdischen Galiläa Getreide. Kam es zu Versorgungskrisen, zahlten die Leute aus Tyros mehr für das Getreide, als die ärmere Landbevölkerung Galiläas zahlen konnte. Die Landbevölkerung zog immer den Kürzeren und konnte sich gegen den Export in das Gebiet der andersgläubigen Syrophönizier (Heiden) nicht wehren. Das anstößige Wort Jesu könnte daher nach dem Bibelwissenschaftler G. Theißen folgenden Sinn haben: „Lasst zuerst die armen Leute im jüdischen Hinterland satt werden. Denn es ist nicht gut, das Brot der armen Leute zu nehmen und es den reichen Heiden in den Städten hinzuwerfen." Die Frau greift das Wort von den Hunden auf und wendet es: Die Leute aus der Stadt Tyros („Hunde") leben von den Brotresten der „Kinder" (Juden), indem sie das übrige Getreide aufkaufen dürfen. Auch sie müssen sich ernähren. Durch diesen Einspruch lässt sich Jesus überzeugen und heilt die Tochter der syrophönizischen Frau.

1. Welches Volk steht für die „Hunde", welches für die „Kinder?"
2. Beschreibe die Spannungen zwischen den Menschen in Galiläa und in Syrophönizien.

M2b | 17. Verschiedene Deutungstypen

Zweite Deutung

Jesus hatte noch nicht begriffen, was Nächstenliebe ist. Er dachte am Anfang gar nicht daran, dieser Ausländerin auch nur zu antworten. Jesus scheint hier noch ganz gefangen in Sexismus und Nationalismus ... Die Frau hat ihm einen Spiegel vorgehalten, in dem sie sein Bild der Verachtung aufgegriffen hatte. ... Er beginnt auf das Weibliche in sich zu hören, und darum kann das Wunder der Heilung und der inneren Wandlung geschehen. Jesus hat von der nichtjüdischen Frau viel gelernt. In der Begegnung mit Frauen können Männer das Wesen ihrer eigenen Seele erleben. ... Jesus war nicht von Anfang an vollkommen; er entwickelt sich aber ganzheitlich, zu einem ganzen Mann, weil er bereit war, aus Fehlern zu lernen – auch von Frauen. Jesu Lernbereitschaft gegenüber Frauen ist deshalb so neu und überraschend, weil Männer zu seiner Zeit noch gar keine psychische Beziehung zum Weiblichen hatten. Von Frauen hat Jesus gelernt, dass vor allem die Schwachen geschützt werden müssen – eine weiblich-mütterliche Erkenntnis. Die Starken können sich selber helfen. Jesus stellt die Werteskala des Patriarchats auf den Kopf: Nicht die Nationalität und nicht das Geschlecht zählen, sondern allein die Hilfsbedürftigkeit und die Schwachheit. Jesus hat durch die Hartnäckigkeit der Mutter, deren Tochter von einem „bösen Geist sehr geplagt" wird, viel gelernt.

Franz Alt: Jesus – der erste neue Mann, © 1989 Piper Verlag GmbH, München, S. 64–66.

1. Erarbeite, was Jesus durch die Begegnung mit der Frau lernt.
2. Begründe, warum die Frau in dieser Deutung die Hauptperson ist.

Zu beiden Deutungen:

3. Unterscheide die beiden Deutungen mit einigen Stichworten.
4. Suche für jede der beiden Deutungen den Fachausdruck, der in M1 beschrieben ist.

17. Verschiedene Deutungstypen | M3a

Der Jüngling zu Nain (Lk 7,11–17)

Und es begab sich danach, dass er in eine Stadt mit Namen Nain ging, und seine Jünger gingen mit ihm und eine große Menge. Als er aber nahe an das Stadttor kam, siehe, da trug man einen Toten heraus, der der einzige Sohn seiner Mutter war, und sie war eine Witwe; und eine große Menge aus der Stadt ging mit ihr. Und als sie der Herr sah, jammerte sie ihn und er sprach zu ihr: Weine nicht! Und er trat hinzu und berührte den Sarg, und die Träger blieben stehen. Und er sprach: Jüngling, ich sage dir, steh auf! Und der Tote richtete sich auf und fing an zu reden, und Jesus gab ihn seiner Mutter.

Deutung 1

Die Ortschaft Nain, der Ort der Wundererzählung, war zur Zeit Jesu ein kleines, unbedeutendes Dorf im Süden Galiläas. Der Evangelist Lukas, gewiss ortsunkundig, macht daraus eine ummauerte Stadt mit einem Stadttor, durch das der Leichnam des einzigen Sohnes einer Witwe herausgetragen wird. So fiktiv die stattliche Kulisse für den geschilderten Trauerfall ist, so real wird die Not und Verzweiflung der Witwe gewesen sein. „Der Herr hatte Mitleid mit ihr" (V. 13). Jesus wird nicht nur an den Schmerz über den Tod des Sohnes gedacht haben, sondern an die Folgen, die der Verlust für ihr weiteres Leben hatte. Mit ihrem Sohn verliert die Witwe eine ihr nahestehende Person, die zugleich ihre Altersversorgung gewesen wäre. Als Witwe ganz allein zu leben war undenkbar. Ihre Zukunft war nun, eine Magd in der Großfamilie ihres verstorbenen Mannes zu sein. In der von Männern dominierten Gesellschaft besitzt sie keinerlei Rechte. Da ihr Sohn tot ist, vertritt niemand ihre Interessen. Es ist daher nur zu verständlich, dass die Witwe angesichts ihres toten Sohnes und einer hoffnungslosen Zukunftsaussicht ein Häufchen Elend ist und bitterlich weint.

Die Verbesserung der äußerst schwierigen sozialen Lage der Witwen wurde lange vor Jesus immer wieder von Propheten angemahnt. „Helft den Unterdrückten, schaffet den Waisen Recht, führet der Witwen Sache!" (Jes 1,17). Im Wissen um diese Hintergründe wird Jesus Mitleid gehabt und gehandelt haben. Mit seiner Wundertat richtet er den Sohn und seine Mutter auf.

---

1. Finde Ursachen für die Not der Witwe.
2. Begründe, warum Witwen damals in einer schwierigen Situation lebten.

M3b | 17. Verschiedene Deutungstypen

Deutung 2
Der Sohn ist der einzige Besitz einer Witwe, und damit sind, gerade im Hinblick auf ihre Altersversorgung, ganz bestimmte Erwartungen und Ängste verbunden.

Aber nicht nur aus Gründen der materiellen Not, sondern auch aus einem Gefühl der Vereinsamung und Leere heraus kann es geschehen, dass eine Frau, die ihren Mann früh verliert, ihre ganze Lebenshoffnung auf ihren einzigen Sohn richtet. Man kann sich gut vorstellen, dass eine solche Frau alles her- und sich selbst fast aufgibt, um das Glück und das Fortkommen ihres Sohnes zu fördern – und dabei nicht merkt, wie ihre unermüdliche Sorge und ihre geheime Angst ihn in seinem Leben beengen [...]

„Weine nicht, Frau!" Wenn wir dieses Wort in *diese* Situation hinein übersetzen, bedeutet es: Begreife doch endlich, dass deine Existenz nicht vom Gelingen oder Scheitern des Lebensentwurfes abhängt, den du dir für deinen Sohn ausgedacht hast! Lass ihn endlich heraustreten aus deinem Schatten, den du über ihm und um ihn verbreitest mit deinen Ratschlägen (die insgeheim doch nichts anderes als Forderungen darstellen) und mit deiner Über-Sorge (die letztlich nur deinem vor dir selber uneingestandenen Egoismus entspringt). Weine nicht! Das heißt dann auch: Lass deinen Sohn los, lass ihn endlich *leben*. [...]

Hilfe jedoch braucht [...] nicht nur die Mutter, sondern auch der Sohn. Wiederum hält Jesus keine lange Rede, sondern beschränkt sich (dem griechischen Original zufolge) auf ein einziges Wort in Form eines Befehls: „Aufstehe!" Im Klartext: Du brauchst kein schlechtes Gewissen zu haben, wenn du nicht länger auf die geheimen Erpressungsversuche deiner Mutter eingehst, sondern dich endlich entschließt, nach deinen *eigenen* Vorstellungen zu leben, *deine* Träume zu verwirklichen und zu *deinen* Sehnsüchten zu stehen, mit einem Wort, wenn du endlich den Mut findest, *dein* Leben zu leben.

Josef Imbach: Wunder. Eine existentielle Auslegung, Topos-plus-Taschenbücher 2002, S. 203 f.

---

1. Erläutere das problematische Verhältnis zwischen der Witwe und ihrem Sohn.
2. Wie muss das Verhältnis der beiden nach dem Wunder aussehen?

Zu beiden Deutungen:

3. Unterscheide die beiden Deutungen in einigen Stichworten.
4. Suche für jede der beiden Deutung den Fachausdruck aus M1.

18. Verschiedene methodische Zugänge zu Lk 10,25–37 | M1

Textbezogen

Lk 10,25–37: Gleichnis vom barmherzigen Samariter

Und siehe, da stand ein Schriftgelehrter auf, versuchte ihn und sprach: Meister, was muss ich tun, dass ich das ewige Leben ererbe? Er aber sprach zu ihm: Was steht im Gesetz geschrieben? Was liest du? Er antwortete und sprach: Du sollst den Herrn, deinen Gott, lieben von ganzem Herzen, von ganzer Seele, von allen Kräften und von ganzem Gemüt, und deinen Nächsten wie dich selbst. Er aber sprach zu ihm: Du hast recht geantwortet; tu das, so wirst du leben.

Er aber wollte sich selbst rechtfertigen und sprach zu Jesus: Wer ist denn mein Nächster? Da antwortete Jesus und sprach: Es war ein Mensch, der ging von Jerusalem herab nach Jericho und fiel unter die Räuber; die zogen ihn aus und schlugen ihn und machten sich davon und ließen ihn halb tot liegen.

Es traf sich aber, dass ein Priester dieselbe Straße hinabzog; und als er ihn sah, ging er vorüber. Desgleichen auch ein Levit: Als er zu der Stelle kam und ihn sah, ging er vorüber. Ein Samariter aber, der auf der Reise war, kam dahin; und als er ihn sah, jammerte er ihn; und er ging zu ihm, goss Öl und Wein auf seine Wunden und verband ihn, hob ihn auf sein Tier und brachte ihn in eine Herberge und pflegte ihn. Am nächsten Tag zog er zwei Silbergroschen heraus, gab sie dem Wirt und sprach: Pflege ihn; und wenn du mehr ausgibst, will ich dir's bezahlen, wenn ich wiederkomme.

Wer von diesen dreien, meinst du, ist der Nächste gewesen dem, der unter die Räuber gefallen war? Er sprach: Der die Barmherzigkeit an ihm tat. Da sprach Jesus zu ihm: So geh hin und tu desgleichen.

Sacherklärungen:

Priester und Levit: Sie waren zuständig für den Dienst im Tempel von Jerusalem. Sie leiteten Gottesdienste und Opferhandlungen.

Samariter: Sie wohnten in Samaria und hatten dort einen eigenen Tempel. Zwischen Judäa mit der Hauptstadt Jerusalem und Samaria mit der Hauptstadt Samaria bestand eine Feindschaft. Die Samariter galten als Fremde und Ausländer.

Jerusalem und Jericho: Jerusalem liegt im galiläischen Bergland auf ca. 750m Höhe. Jericho liegt im Jordantal, ca. 250m unter dem Meeresspiegel. Eine ca. 27km lange, sehr steile und einsame Bergstraße durch wüstenhaftes Gelände verband die beiden Städte. Räuberbanden nutzten das unwegsame Gelände für Überfälle.

Wein und Öl: Der Alkohol im Wein diente als Desinfektionsmittel und mit dem Öl linderte man Schmerzen.

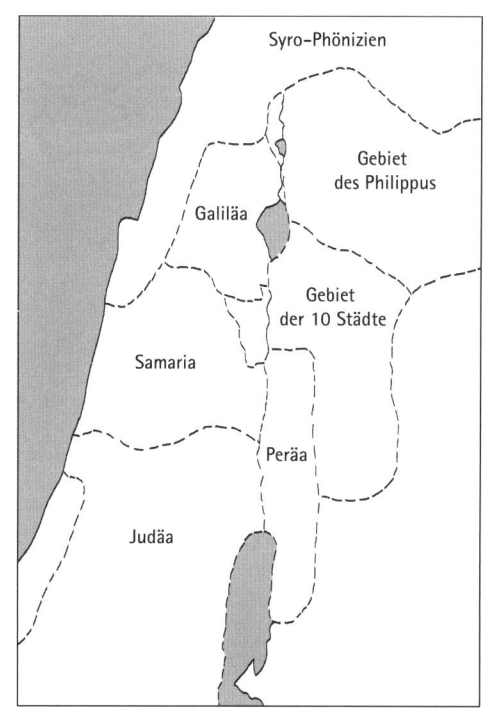

© Hans Eggenberger

1. Schreibe alle Verben heraus, die sich auf den Mann aus Samaria beziehen.

2. Vergleiche sie mit den Verben, die sich auf den Priester und den Leviten beziehen.

3. Begründe ausführlich, warum der gute Mann aus Samaria als herausragendes Beispiel für Mitmenschlichkeit gilt.

M2 | 18. Verschiedene methodische Zugänge zu Lk 10,25–37

Gestalterisch

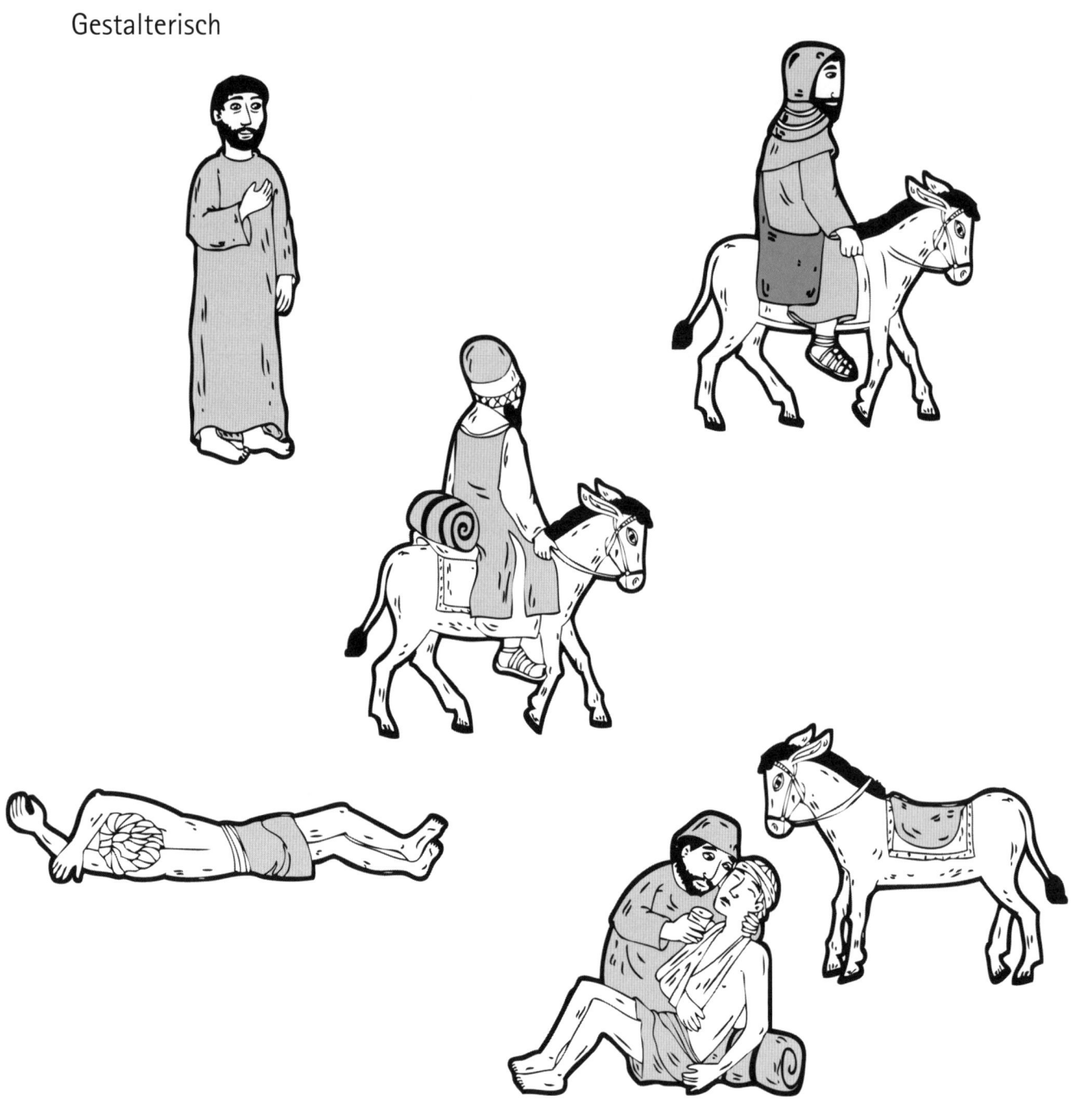

Gestalte mit den ausgeschnittenen Figuren eine Bildfolge zum Gleichnis. Informiere dich in den Sacherklärungen (M1). Du kannst weitere Personen, Gebäude und Landschaft dazuzeichnen.

© 2019, Vandenhoeck & Ruprecht GmbH & Co. KG, Göttingen / www.v-r.de

Deutungen von Wundern und methodische Zugänge

18. Verschiedene methodische Zugänge zu Lk 10,25–37 | M3

Körperbetont

	Sätze aus dem Gleichnis	meine Bewegungen
1	Ein Mann ging von Jerusalem nach Jericho hinab	
2	und wurde von Räubern überfallen	
3	dann gingen sie weg und ließen ihn halb tot liegen	
4	Zufällig kam ein Priester denselben Weg herab	
5	Er sah ihn und ging weiter	
6	Auch ein Levit kam zu der Stelle; er sah ihn und ging weiter	
7	Ein Mann aus Samaria [...]. Als er ihn sah, hatte er Mitleid	
8	ging zu ihm hin	
9	goss Öl und Wein auf seine Wunden	
10	und verband sie	
11	Dann hob er ihn auf sein Reittier	
12	brachte ihn zu einer Herberge	
13	und sorgte für ihn	
14	holte er zwei Denare hervor, gab sie dem Wirt	
15	und sagte: Sorge für ihn	

Denke dir Bewegungen zu den Sätzen des Gleichnisses aus und beschreibe sie kurz.

© 2019, Vandenhoeck & Ruprecht GmbH & Co. KG, Göttingen / www.v-r.de

M4 | 18. Verschiedene methodische Zugänge zu Lk 10,25–37

Aktualisierend

Andere Zeiten

„Schließlich kam ein Samariter des Weges..."
Lukas 10,30–37
Also ich finde: Der arme Kerl
hat ausgesprochen Schwein gehabt:
schon der dritte, der vorbeikam, half.
Als ich neulich eine Panne hatte,
hielt erst der siebenundzwanzigste.
Na ja, so ändern sich die Zeiten.

Lothar Zenetti: Die wunderbare Zeitvermehrung.
Variationen zum Evangelium, Pfeiffer Verlag, München ²1983,
S. 53

Toter lag tagelang am Straßenrand

FLÖRSHEIM. Vier Tage lang hat ein 53-jähriger Türke nach einem Verkehrsunfall im hessischen Main-Taunus-Kreis am Straßenrand gelegen. In der Nacht zum Mittwoch wurde er tot gefunden, wie die Polizei mitteilte. Ein 28 Jahre alter Erntehelfer aus Polen soll den Mann überfahren und liegen gelassen haben.
Die Staatsanwaltschaft ordnete eine Obduktion an. Gegen den 28-Jährigen wird ermittelt. Nach eigenen Worten glaubte er, einen Leitpfosten gestreift zu haben.
Laut Polizei hatte der Türke am Freitag Abend seine Dönerbude in Flörsheim geschlossen und sich zu Fuß auf den Heimweg gemacht. Dabei erfasste ihn der Wagen und schleuderte ihn in ein Feld.
Nach Informationen des Radiosenders FFH starb er kurz darauf. (dpa)

---

1. Nenne Ähnlichkeiten und Unterschiede in den beiden Texten.
2. Überlege Gründe für die lange Zeit, bis der Tote gefunden wurde.
3. Erfinde eine kurze Geschichte, in der ein Mensch von heute „unter die Räuber fällt" (kein Verkehrsunfall).

© 2019, Vandenhoeck & Ruprecht GmbH & Co. KG, Göttingen / www.v-r.de

18. Verschiedene methodische Zugänge zu Lk 10,25–37 | M5a

Künstlerisch: Liebermann

Max Liebermann, Der barmherzige Samariter, 1911, © Rheinisches Bildarchiv, Köln

1. Beschreibe zuerst den Hintergrund des Bildes, dann die Personen.
2. Suche Gemeinsamkeiten und Unterschiede zwischen dem Bild und dem Gleichnistext (M1).
3. Schreibe ein Gespräch zwischen dem Mann und der Frau. Die Frau könnte z. B. beginnen mit: „Gut, dass du auch dazugekommen bist. Allein..."

© 2019, Vandenhoeck & Ruprecht GmbH & Co. KG, Göttingen / www.v-r.de

M5b 18. Verschiedene methodische Zugänge zu Lk 10,25–37

Male das Umrissbild farbig aus. Überlege, welche Teile du eher mit hellen bzw. dunklen Farben gestalten willst. Denke dabei an die Situationen im Gleichnis.

18. Verschiedene methodische Zugänge zu Lk 10,25–37 | M6

Künstlerisch: Litzenburger

Roland Peter Litzenburger, Der barmherzige Samariter, Feder und Tusche, 1968, ©VG Bild-Kunst, Bonn 2019

1. Suche im Bild fünf Elemente und zeichne die Konturen mit einem Stift nach.
2. Beschreibe den Überfallenen und den Samariter nach folgenden Gesichtspunkten:

	Überfallener	Samariter	Deutung
Gesichter			
Beine und Füße			
Arme und Hände			
Körperhaltung			

3. Nenne Besonderheiten in der Darstellung des Baumes und des Esels. Versuche eine Deutung.
4. Achte auf die Verteilung von Schwarz, Weiß und Grau. Ergeben sich aus diesen Farbtönen weitere Bildaussagen?

M7 | 18. Verschiedene methodische Zugänge zu Lk 10,25–37

Spielerisch

Der Mann, der unter die Räuber fällt
- Du bist ein Händler, der mit bepackten Maultieren von Jerusalem aus hinab nach Jericho geht.
- Dir machen die Hitze und die staubige, steile Straße zu schaffen.
- Du denkst daran, dass in diesem unübersichtlichen Gelände immer mal Überfälle passieren.

Der Priester
- Du kommst aus Jerusalem und gehst nach Jericho hinab.
- Dir machen die Hitze und die staubige, steile Straße zu schaffen.
- Du hast noch den Tempeldienst mit vielen Menschen im Kopf.
- Du siehst den Überfallenen und …
  (Überlege, warum du so reagierst und versuche es zu spielen).

Der Levit
- Du kommst aus Jerusalem und gehst nach Jericho hinab.
- Dir machen die Hitze und die staubige, steile Straße zu schaffen.
- Du hast noch den Tempeldienst mit vielen Menschen im Kopf.
- Du siehst den Überfallenen und …
  (Überlege, warum du so reagierst und versuche es zu spielen).

Der Mann aus Samarien
- Du kommst aus Jerusalem und gehst nach Jericho hinab.
- Dir machen die Hitze und die staubige, steile Straße zu schaffen.
- Du denkst daran, dass in diesem unübersichtlichen Gelände immer mal Überfälle passieren.
- Du siehst den Überfallenen und …
  (Überlege, warum du so reagierst und versuche es zu spielen).

Der Wirt
- Du führst eine Herberge in der Nähe von Jericho und hast viele Gäste.
- Du bist gerade beim Aufräumen, als der Mann aus Samarien mit dem Verletzten ankommt.
- Du hast gemischte Gefühle, ob du helfen sollst oder nicht
  (Überlege, wie du reagierst).

---

1. Informiere dich noch einmal über den Ablauf der Handlung im Gleichnis und lies die Sacherklärungen dazu (M1).
2. Denke dir verschiedene Handlungsmöglichkeiten für deine Rolle aus.

© 2019, Vandenhoeck & Ruprecht GmbH & Co. KG, Göttingen / www.v-r.de

Lösungen

Lektion 1

1. Tochter: filia – Herr: dominus – plötzlich: subito – wo: ubi – Ziegenbock: caper
weitere: auch: etiam – warum: cur – sein: esse – Herrin: domina

2. Substantive: dominus: der Herr – liberi: die Kinder – silentium: die Stille – caper: der Ziegenbock – negotia: die Arbeiten
Verben: spectat: er, sie, es betrachtet – habitant: sie wohnen – paret: er, sie, es gehorcht
unveränderliches Wort: non: nicht – iam: schon – hic: hier

3.

Singular	Plural
filia – die Tochter	filiae – die Töchter
servus – der Sklave	servi – die Sklaven
caper – der Ziegenbock	capri – die Ziegenböcke
negotium – die Arbeit	negotia – die Arbeiten
domina – die Herrin	dominae – die Herrinnen

4.

Singular	Plural
exspectat – er, sie, es wartet	exspectant – sie warten
paret – er, sie, es gehorcht	parent – sie gehorchen
habitat – er, sie, es wohnt	habitant – sie wohnen
est – er, sie, es ist	sunt – sie sind
debet – er, sie, es muss	debent – sie müssen
venit – er, sie, es kommt	veniunt – sie kommen

5. a) (Servus/Servi) non adest. *Der Sklave ist nicht da.*
b) Domina (exspectat/exspectant). *Die Herrin wartet.*
c) Domina: »(Servus/Servi) parere debent! *Die Herrin sagt: »Sklaven müssen gehorchen.*
d) Cur Gallus non (venit/veniunt)? *Warum kommt Gallus nicht?«*

6. a) Domina (= Subjekt) exspectat (= Prädikat): *Die Herrin wartet.*
b) Servi (= Subjekt) non parent (= Prädikat): *Die Sklaven gehorchen nicht.*
c) Placet (= Prädikat) silentium (= Subjekt): *Die Ruhe gefällt.*
Daran erkenne ich das Subjekt: Es steht im Nominativ Singular oder Nominativ Plural.
Daran erkenne ich das Prädikat: Es ist ein Verb und endet in der 3. Pers. Sg. auf -t, in der 3. Pers. Pl. auf -nt.

7. mögliche Sätze:
Gallus servus est. *Gallus ist ein Sklave.*
Servi parere debent. *Sklaven müssen gehorchen.*
Marcus venit. *Marcus kommt.*
Silentium placet. *Die Ruhe gefällt.*
Gaia filius non est. *Gaia ist nicht der Sohn.*

8. a) Sextus Selicius ist auf der Straße.
→ *richtig:* Sextus Selicius ist nicht auf der Straße. [Sextus Selicius non in via est.]
b) Gallus ist der Herr.
→ *richtig:* Gallus ist ein Sklave. [Gallus servus est.]
c) Aurelia und Paulla sind die Töchter.
→ *richtig:* Aurelia ist die Herrin, Paulla ist die Tochter. [Aurelia domina est, Paulla filia est.]
d) Herren müssen gehorchen.
→ *richtig:* Sklaven müssen gehorchen. [Servi parere debent.]
e) Gallus ist ein Ziegenbock und gehorcht nicht.
→ *richtig:* Gallus ist ein Sklave und der Ziegenbock gehorcht nicht. [Gallus servus est et caper non paret.]

Lektion 2

1. herba: Gras, Pflanze – donum: Geschenk – movere: bewegen, beeindrucken – frumentum: Getreide – verberare: schlagen

2. b) servil: servus: Sklave – unterwürfig
c) Video: videre: sehen – ein Film, den man zu Hause ansehen kann

d) Herbarium: herba: Gras – Sammlung von getrockneten Pflanzen
   e) Konvertieren: vertere: drehen – den Glauben ändern

3 invenire: finden – etiam: auch – bestia: Tier – ibi: dort – statim: sofort
   weitere: silentium: Stille – herba: Gras – ita: so – dicere: sagen – videre: sehen – incitare: erregen – esse: sein – currere: eilen – hic: hier

4 Nominativ: liberi – silentium – filiae – herbae – dona – negotia
   Akkusativ: herbam – dominum – silentium – carros – dona – negotia – bestias
   Bei den Neutrumformen sind Nominativ und Akkusativ gleich.
   Die Endung -a ist gefährlich, weil man wissen muss, ob ein Substantiv zur a-Deklination gehört oder zur o-Deklination neutrum.

5 a) Marcus → Marcum; b) filius → filium; c) carrus → carrum; d) herba → herbam; e) bestia → bestiam;
   f) frumentum → frumentum; g) servi → servos; h) liberi → liberos; i) filiae → filias; j) domina → dominam;
   k) dona → dona; l) negotia → negotia

6

Singular	Plural
movet: er, sie, es bewegt	relinquunt: sie verlassen
currit: er, sie, es eilt	dicunt: sie sagen
vertit: er, sie, es wendet	inveniunt: sie finden
videt: er, sie, es sieht	trahunt: sie ziehen

7

a-Konjugation	e-Konjugation	i-Konjugation	kons./kurzvok. Konj.
apportare: apportat, apportant curare: curat, curant	parere: paret, parent movere: movet, movent	venire: venit, veniunt	currere: currit, currunt dicere: dicit, dicunt cupere: cupit, cupiunt

8.1 a) clamare → clamat; b) videre → videt; c) curare → curat; d) venire → venit; e) currere → currit; f) dicere → dicit; g) vertere → vertit; h) cupere → cupit

8.2 a) movere → movent; b) apportare → apportant; c) videre → vident; d) invenire → inveniunt; e) relinquere → relinquunt;
    f) trahere → trahunt; g) cupere → cupiunt; h) parere → parent

9 a) Marcus sieht Gaia. – b) Gallus treibt den Ziegenbock an. – c) Aurelia wartet auf die Kinder.

10 a) Caper (= Subjekt) carrum (= Objekt) non trahit (= Prädikat): Der Ziegenbock zieht den Wagen nicht.
   b) Dominus (= Subjekt) Aureliam et liberos (= Objekt) relinquit (= Prädikat): Der Herr verlässt Aurelia und die Kinder.
   c) Herbas et frumentum (= Objekt) dominus (= Subjekt) apportat (= Prädikat): Der Herr bringt Gräser und Getreide herbei.

11 Sextus Selicius läuft nach draußen. Dort sieht er Gallus, Aurelia und die Kinder.
   Die Familie sieht die Sklavin Afra auf einem Baum. Sextus Selicius sagt: »Warum ist die Sklavin auf dem Baum? Afra muss gehorchen!« Aurelia sagt: »Du könntest Afra schlagen.« Sextus sagt: »Es ist nicht erlaubt, eine fremde Sklavin zu schlagen.« Marcus sagt: »Gallus muss vielleicht Schmeicheleien sagen.« Gallus wird rot und verlässt die Familie. Die Kinder lachen.

Lektion 3

1 1 frumenta – 2 spectate – 3 serve – 4 ancillae – 5 vendunt – 6 desine – 7 iniquum – 8 audit – 9 cibus

2

Singular	Plural
specta! – schau hin!	spectate! – schaut hin!
apporta! – bring herbei!	apportate! – bringt herbei!
eme! – kaufe!	emite! – kauft!
audi! – höre!	audite! – hört!
es! – sei!	este! – seid!

3 a) venite ist Imperativ Plural, alle anderen sind Imperativ Singular
   b) dona ist kein Imperativ, sondern Nominativ und Akkusativ Plural von donum
   c) serve ist kein Imperativ, sondern Vokativ Singular zu servus
   d) pare ist kein Infinitiv, sondern Imperativ Singular
   e) veni ist kein Adjektiv, sondern Imperativ Singular zu venire

4

Nominativ Sg.	Akkusativ Sg.	Nominativ Pl.	Akkusativ Pl.
a) fortuna	fortunam	fortunae	fortunas
b) cibus	cibum	cibi	cibos
c) verbum	verbum	verba	verba
d) puella	puellam	puellae	puellas
e) puer	puerum	pueri	pueros

5 a) familia bona – b) puellas iniquas – c) servos pulchros – d) dona multa

6 a) servi boni/pulchri – b) puellas miseras – c) capri boni/pulchri – d) dominos iniquos – e) negotia mala

7 a) Multi viri (= Subjekt mit Attribut) servos (= Objekt) vendunt (= Prädikat): Viele Männer verkaufen Sklaven.
b) Dominus (= Subjekt) ancillam pulchram (= Objekt mit Attribut) emit (= Prädikat): Der Herr kauft eine schöne Sklavin.
c) Liberi (= Subjekt) multa dona (= Objekt mit Attribut) cupiunt (= Prädikat): Die Kinder wünschen sich viele Geschenke.

8 a) falsch – b) falsch – c) richtig – d) richtig – e) falsch

9 »Warum kauft der Herr eine neue Sklavin? Warum ist es nötig eine Sklavin zu kaufen? Gallus, ertrage dein Schicksal und gehorche! Aber vielleicht ist die neue Sklavin schön… Siehe, die Familie kommt.«
Sextus, Aurelia und die Kinder kommen und Marcus ruft: »Gallus, komm! Die neue Sklavin will dich sehen. Sie ist wirklich ein schönes Mädchen und sicherlich kümmert sie sich um die Arbeiten.«
Gallus verlässt das Haus und läuft nach draußen. Er bringt Blumen mit und hört schon nicht mehr die vielen Worte. Er sieht ein tüchtiges und schönes Mädchen und wird rot.

Lektion 4

1 timere: sich fürchten – dare: geben – immolare: opfern – flere: weinen – cantare: singen – laetus: fröhlich – magnus: groß

2 a) statisch: stare: stehen; in sich ruhend – b) viril: vir: Mann; männlich – c) Toleranz: tolerare: ertragen; Duldung anderer Meinungen – d) verbal: verbum: Wort; mündlich

3 Verben: timere: sich fürchten – placant: sie beruhigen – tolerat: er erträgt – venit: er kommt
Substantive: pacem: den Frieden – hostias: die Opfertiere – imperator: der Oberbefehlshaber – sacerdotem: den Priester
Präposition: in: in – per: durch, über, während – ad: zu, nach, an, bei

4 a-Dekl.: hostia: Opfertier – turba: Menschenmenge – fortuna: Schicksal
o-Dekl.: campus: Feld – deus: Gott – donum: Geschenk
3. Dekl.: frater: Bruder – pax: Friede – sacerdos: Priester – homo: Mensch

5

Nominativ Sg.	Akkusativ Sg.	Nominativ Pl.	Akkusativ Pl.
soror	sororem	sorores	sorores
pater	patrem	patres	patres
sacerdos	sacerdotem	sacerdotes	sacerdotes
carmen	carmen	carmina	carmina

6 a) herbae (KNG: Nom. Pl. f.) 1) iniqua (KNG: <u>Nom. Sg. f.</u>/Nom./Akk. Pl. n.)
b) deos (KNG: Akk. Pl. m.) 2) magnos (KNG: Akk. Pl. m.)
c) domina (KNG: Nom. Sg. f.) 3) bonae (KNG: Nom. Pl. f.)
d) sorores (KNG: Nom./<u>Akk. Pl. f.</u>) 4) multi (KNG: <u>Nom. Pl. m.</u>)
e) carmina (KNG: <u>Nom./Akk. Pl. n.</u>) 5) miserum (KNG: <u>Akk. Sg. m.</u>/n.)
f) fratrem (KNG: <u>Akk. Sg. m.</u>) 6) magnas (KNG: Nom. Sg. n./<u>Akk. Pl. f.</u>)
g) homines (KNG: <u>Nom.</u>/Akk. Pl. m.) 7) laeta (KNG: Nom. Sg. f./<u>Nom./Akk. Pl. n.</u>)
a) 3 – b) 2 – c) 1 – d) 6 – e) 7 – f) 5 – g) 4

7 a) Caper (= Subjekt) per campum (= Adverbiale) currit (= Prädikat): Der Ziegenbock läuft über das Feld.
b) Caper (= Subjekt) ad servum (= Adverbiale) venit (= Prädikat): Der Ziegenbock kommt zum Sklaven.
c) Servus (= Subjekt) caprum (= Objekt) in stabulum (= Adverbiale) trahit (= Prädikat): Der Sklave zieht den Ziegenbock in den Stall.

8 a) per – Marcus und Paulla laufen über das Feld.
b) ad – Augustus steht am Altar und opfert Opfertiere.
c) per – ad – Das Mädchen sieht die Opfertiere und will über das Feld zur Mutter laufen.
d) ad – Marcus und die große Menschenmenge stehen bei den Opfertieren und beten: »Götter, gebt uns Frieden!«

9 Gallus und Asia laufen durch die Straßen. Asia fürchtet sich, weil es dunkle Nacht ist; dann singt Gallus ein schönes Lied. Auch Asia singt Lieder und fürchtet sich nicht mehr. Sie ist fröhlich.
Nun kommen sie zum Marsfeld. Gallus sagt: »Höre auf zu singen und schweige! Siehe da, die Priester!«
Asia schweigt und schaut zu: Die Priester und ein bedeutender Mann kommen zum Altar. Gallus sagt: »Sieh, der Kaiser Augustus! Er gibt uns ein gutes Schicksal und Frieden. Er ist ein tüchtiger Kaiser.«
Asia sieht die Opfertiere: Schafe und Ziegen stehen beim Altar. Dann opfern die Priester die Opfertiere und Augustus fleht die Götter an. Nun weint Asia und ist nicht mehr froh. Asia sagt: »Die ungerechten Männer opfern arme Tiere!«
Gallus bemüht sich, Asia zu beruhigen und will das Mädchen nach Hause führen. Aber Asia weint und weint. Da pflückt Gallus Blumen und gibt sie dem Mädchen. Nun ist Asia wieder fröhlich und hört auf zu weinen.

Lektion 5

1 avus: Großvater – salutare: grüßen – amittere: verlieren – corpus: Körper – iniquus: ungerecht – hostia: Opfertier – incipere: anfangen – adversarius: Gegner – signum: Zeichen

2 a) Asia bittet um ein Geschenk/möchte ein Geschenk haben. – b) Gallus sucht das Marsfeld auf. – c) Die Gegner erbitten Frieden. – d) Lydus greift den Gegner mit einer List an.

3 a) cum avo – b) cum turba magna – c) cum fratre – d) cum multis puellis – e) cum multis hominibus – f) cum multis liberis

4 a) hora → Akk. horam → Abl. hora → Pl. horis; b) vocem → Nom. vox → Pl. voces → Abl. vocibus
c) campos → Abl. campis → Nom. campi → Sg. campus; d) signum → Pl. signa → Abl. signis → Sg. signo
e) vi → Nom. vis → Akk. vim → Pl. vires → Abl. viribus

5 a) corporibus – adversario – pugna – sorore – vi; b) donis – puellis – imperatore – hora

6 a) imperatoribus malis – b) ancilla magna/pulchra – c) vires magnae – d) viri miseri – e) carmine toto – pace magna/pulchra

7 a) Liberi (in campum Martium/<u>in Campo Martio</u>) stant. – Die Kinder stehen auf dem Marsfeld.
b) Adversarii (<u>in arenam</u>/in arena) veniunt. – Die Gegner kommen in die Arena.
c) Nunc Lydus (in arenam/<u>in arena</u>) iacet. – Nun liegt Lydus in der Arena.

8 a) Liberi (= Subjekt) cum avo (= Adverbiale) pugnam (= Objekt) exspectant (= Prädikat): Die Kinder erwarten zusammen mit dem Großvater den Kampf.
b) Septima hora (= Adverbiale) pugna (= Subjekt) incipit (= Prädikat): Zur siebten Stunde beginnt der Kampf.
c) Gaia (= Subjekt) gladiatorem (= Objekt) multis verbis (= Adverbiale) incitat (= Prädikat): Gaia feuert den Gladiator mit vielen Worten an.

9 a) cum patre (Abl. sociativus) in circo (Abl. loci); Marcus steht mit dem Vater im Circus und begrüßt die Gladiatoren.
b) Septima hora (Abl. temporis); Zur siebten Stunde tritt der Kaiser ein und das Volk freut sich.
c) cum gladiis (Abl. instrumentalis); Dann kämpfen die Gladiatoren mit den Schwertern.
d) toto corpore (Abl. instrumentalis oder Abl. loci) ex arena (Abl. separativus); Lydus zittert am ganzen Körper und will aus der Arena laufen.

10 Gallus ist mit Asia auf dem Marsfeld. Denn Augustus kauft immer viele Sklaven aus Afrika und schickt sie in die Arena. Nun erwartet das Volk froh die neuen Gladiatoren. Auch Gallus freut sich, weil auch das schöne Mädchen Asia da ist. Endlich betreten die Gegner die Arena und begrüßen die Menschenmenge und den Kaiser: »Sei gegrüßt, Caesar, die Todgeweihten grüßen dich.« Die Menschenmenge schreit mit lauter Stimme: »Hört auf euch zu fürchten und kämpft endlich.« Die armen Menschen beginnen mit ihren Waffen zu kämpfen. Asia betrachtet den Kampf, am ganzen Körper zittert sie, sie beginnt zu weinen. Gallus aber treibt die Gladiatoren an; er hört Asia nicht. Asia weint und weint. Der Kampf gefällt ihr nicht. Plötzlich greift der eine Gladiator den anderen mit dem Schwert an und verwundet ihn. Nun weint Asia nicht mehr, sondern freut sich, der Kampf gefällt ihr. »Der Sieger ist mein Bruder! Götter, nehmt ein Geschenk an, weil mein Bruder nicht in der Arena liegt, sondern lebt.«

Lektion 6

1. maritus: Ehemann – tam: so – quod: weil – clarus: hell – ludus: Spiel
   weitere: sacrificium: Opfer – nullus: kein – vos: ihr – nos: wir – ego: ich – de: von – pugna: Kampf – totus: ganz – ubi: wo

2. a) poetisch: poeta: Dichter; dichterisch – b) egoistisch: ego: ich; jemand, der nur an sich denkt und nur in eigenem Interesse handelt, ist egoistisch – c) resistent: resistere: Widerstand leisten; widerstandsfähig – d) vitalisierend: vita: Leben; belebend – e) populär: populus: beim Volk (d. h. bei vielen) beliebt oder bekannt

3. a) sacrificia nulla – b) uxorem pulchram – c) vires magnas – d) homines miseros – e) corpus pulchrum – f) poeta clarus

4.

	fratres	vitae	marito	homo	corpus	uxores	poeta
a) magni	x						
b) misero			x				x
c) miserae		x				x	
d) pulchrum					x		
e) laetus				x			x

5. a) delectamus → Sg. delecto → 3. Pers. delectat → Pl. delectant → 2. Pers. delectatis → Imperativ delectate
   b) iaces → 1. Pers. iaceo → 3. Pers. iacet → Pl. iacent → 2. Pers. iacetis → Imperativ iacete → Sg. iace
   c) amittunt → 1. Pers. amittimus → Sg. amitto → 2. Pers. amittis → 3. Pers. amittit
   d) sum → 3. Pers. est → Pl. sunt → 1. Pers. sumus → 2. Pers. estis → Sg. es → Imperativ es

6. a) 2. Pers. Sg.: du rufst – b) 1. Pers. Pl.: wir sind – c) 1. Pers. Sg.: ich freue mich – d) 2. Pers. Pl.: ihr singt – e) 1. Pers. Sg.: ich fange an – f) 3. Pers. Pl.: sie ziehen – g) 1. Pers. Sg.: ich kämpfe – h) 2. Pers. Sg.: du weinst

7. ego: cupio (ich wünsche), habito (ich wohne) – tu: immolas (du opferst), moves (du bewegst)
   nos: audimus (wir hören), spectamus (wir betrachten) – vos: salutatis (ihr begrüßt), datis (ihr gebt)

8. a) Wollt ihr zum Marsfeld laufen? Erwartete Antwort: Ja oder Nein
   b) Gefallen euch etwa die Opfer? Erwartete Antwort: Nein
   c) Wollt ihr etwa nicht die neuen Gedichte des Horaz hören? Erwartete Antwort: Ja, doch.

9. Gallus sieht die traurige Asia: Sie sitzt unter einem Baum und weint. Gallus läuft zum Baum und sagt: »Ich bin nicht froh, weil du nicht fröhlich bist. Willst du eine Geschichte hören?« Aber Asia schweigt und sagt keine Worte. »Willst du mit mir zum Forum laufen und ein Geschenk kaufen?« Aber wiederum schweigt Asia. »Vielleicht erfreut dich ein Spiel. Ich bringe dir die lateinische Sprache bei. Höre: Ich liebe, du liebst, er liebt, wir lieben, ihr liebt, sie lieben.« Asia hört nicht nur auf zu weinen, sondern freut sich sogar über die Worte. Asia sagt: »Ich liebe, du liebst, er liebt, wir lieben, ihr liebt, sie lieben.« Nun freut sich Gallus: »Nun höre: Ich liebe dich, du liebst mich.« Plötzlich kommt Marcus und ruft mit lauter Stimme: »Gallus liebt Asia! Gallus liebt Asia!«

Lektion 7

1. mulier: Frau – incendium: Brand – vester: euer – atque: und – annus: Jahr
   weitere: aqua: Wasser – merx: Ware – flamma: Feuer – vocare: rufen – lucrum: Gewinn – tum: dann – tuus: dein – tu: du – ita: so – ubi: wo

2. flamma – aqua; fortuna – miseria; silentium – clamor oder turba; emere – vendere; uxor – maritus; vir – mulier

3. vis (= Kraft, Gewalt) ≠ vir (Mann) – ab (von, von … her) ≠ ad (zu, nach, bei, an) – cur (= warum) ≠ cum (mit)
   frater (Bruder) ≠ pater (Vater) – magnus (= groß) ≠ malus (schlecht) – nos (wir, uns) ≠ vos (ihr, euch)
   placere (= gefallen) ≠ placare (beruhigen)

4.

Nom. Sg.	filius	sacrificium	flamma	mulier
Gen. Sg.	filii	sacrificii	flammae	mulieris
Akk. Sg.	filium	sacrificium	flammam	mulierem
Abl. Sg.	filio	sacrificio	flamma	muliere
Nom. Pl.	filii	sacrificia	flammae	mulieres
Gen. Pl.	filiorum	sacrificiorum	flammarum	mulierum
Akk. Pl.	filios	sacrificia	flammas	mulieres
Abl. Pl.	filiis	sacrificiis	flammis	mulieribus

5. a) das Geschrei der Sklaven – b) der Ziegenbock der Familie – c) das Zeichen des Kaisers – d) das Unglück der Sklavin – e) die Spiele der Kinder

6 a) viri – poetarum; b) clamoris – magnorum – sororis

7 a) sacrificium → Gen. sacrificii → Pl. sacrificiorum → Akk. sacrificia → Abl. sacrificiis
b) clamor meus → Akk. clamorem meum → Pl. clamores meos → Gen. clamorum meorum → Sg. clamoris mei
c) mulier pulchra → Akk. mulierem pulchram → Abl. muliere pulchra → Pl. mulieribus pulchris → Gen. mulierum pulchrarum

8

	anni	clamore	salutis	aquae	clamores	mercibus
a) meo		x				
b) bonae			x	x		
c) nostris						x
d) boni	x				x	
e) vestros					x	

9 a) Marcus erfreut seinen Vater. – b) Aurelia erwartet ihre Sklavin. – c) Gallus und Asia erfreuen sich an ihren Geschenken. – d) Der Ziegenbock will seine Gräser.

10 Gallus und Asia kommen in die Subura und betrachten viele Läden. Viele Menschen sind da, es herrscht großes Geschrei, weil die Kaufleute ihre Waren verkaufen wollen. Viele Wagen bringen Getreide und andere Speisen, weil Rom viele Menschen ernähren muss. Ein Kaufmann ruft: »Kauft mein Brot. Es ist das beste Brot der Stadt!« Immer wieder ruft er, aber keiner kauft das Brot. Ein anderer Kaufmann will seinen Wein verkaufen. Dort steht der Herr Sextus und probiert Weine. Plötzlich hören Gallus und Asia das Geschrei von Männern: »Feuer! Feuer! Der Laden des Kaufmanns brennt!« Gallus bringt sofort einen Eimer herbei und gießt Wasser auf das Feuer. Er löscht das Feuer. Viele Menschen klatschen und Asia sagt: »Du bist mein Held!« Gallus ist fröhlich.

Lektion 8

1 z. B. Land: pecus – asinus – hortus – herba – frumentum; Stadt: clamor – taberna – mercator – incendium – populus Religion: ara – immolare – hostia – sacerdos – deus

2 a) Misere: miser: bedauernswert, unglücklich; Notlage, Unglück – b) maximal: maxime: am meisten; sehr groß, so groß wie möglich – c) Bonus: bonus: gut; Belohnung für besonders gute Leistungen, z. B. eine Sonderzahlung zusätzlich zum normalen Gehalt

3 popolo/peuple/pueblo: populus (Volk)
uomo/homme/hombre: homo (Mensch)
vedere/voir/ver: videre (sehen)
buono/bon/bueno: bonus (gut)

4

Nom. Sg.	asinus	herba	incendium	corpus
Gen. Sg.	asini	herbae	incendii	corporis
Dat. Sg.	asino	herbae	incendio	corpori
Akk. Sg.	asinum	herbam	incendium	corpus
Abl. Sg.	asino	herba	incendio	corpore
Nom. Pl.	asini	herbae	incendia	corpora
Gen. Pl.	asinorum	herbarum	incendiorum	corporum
Dat. Pl.	asinis	herbis	incendiis	corporibus
Akk. Pl.	asinos	herbas	incendia	corpora
Abl. Pl.	asinis	herbis	incendiis	corporibus

5 equo – uxori – liberis – filiae – nobis – mulieribus – asinis – tibi

6

	patres	equi	mulieres	fratri	sororis	paci
a) nostri	x	x				
b) meo				x		
c) vestros	x					
d) bonae			x		x	x
e) laetas			x			

7 potes → Pl. potestis → 3. Pers. possunt → 1. Pers. possumus → Sg. possum → 3. Pers. potest → 2. Pers. potes

8 »Plötzlich bin ich in der Arena und stehe mit vielen Gladiatoren vor dem Kaiser Augustus und rufe: ›Sei gegrüßt, Caesar, die Todgeweihten grüßen dich!‹ Neben dem Kaiser ist Asia und gibt mir geheime Zeichen. Die Gladiatorenspiele gefallen Asia: Sie applaudiert mir. Augustus gibt uns ein Zeichen und wir beginnen mit den Waffen zu kämpfen. Ich kämpfe mit großen Kräften und biete dem Gegner einen ordentlichen Kampf. Aber ich kann den Gegner nicht fassen, weil er flieht. Das Volk stachelt uns an und ruft: ›Gladiatoren ist es nicht erlaubt zu fliehen. Kämpft und beeilt euch!‹ Nun wende ich meine Augen zu Augustus und ich suche Asia. Aber Asia ist nicht mehr beim Kaiser. Plötzlich fühle ich einen Schmerz … und wache auf. Der Ziegenbock packt mich und ich schreie mit lauter Stimme.«

Lektion 9

1 iubere: befehlen – ludere: spielen – parēre: gehorchen – censere: beschließen – virtus: Tapferkeit – amare: lieben – facere: machen – respondere: antworten – iuvare: erfreuen – clamor: Geschrei

2 diu: lange – denique: endlich – annus: Jahr – iterum: wieder – hora: Stunde – hodie: heute – statim: sofort

3 annos – uxores – deos – imperatorem – Romanam – equos; Lösungswort: audire

4 a) Marcus [equum per hortum properare] videt. Marcus sieht, dass das Pferd durch den Garten eilt.
b) Paulla [papiliones per prata volare] videt. Paulla sieht, dass die Schmetterlinge durch die Wiesen fliegen.
c) Avus [asinum petroselinum petere] non videt. Der Großvater sieht nicht, dass der Esel zur Petersilie läuft.
d) Avus [asinum semper parere debere] censet. Der Großvater meint, dass der Esel immer gehorchen muss.

5 a) NEIN – Die Kinder wollen spielen.
b) JA – Aber der Großvater wünscht, dass die Kinder arbeiten.
c) NEIN – Die Kinder müssen das Getreide herbeitragen und können nicht spielen.
d) JA – Aber sie sehen, dass der Esel die Gräser liebt.
e) JA – Sie freuen sich, dass das Tier über das Feld läuft.

6 Marcus servum laborare debere dicit. Marcus sagt, dass der Sklave arbeiten muss.
Marcus asinum cibum apportare gaudet. Marcus freut sich, dass der Esel das Futter herbeiträgt.
Marcus servum parere debere dicit. Marcus sagt, dass der Sklave gehorchen muss.
Marcus asinum ad hortum properare posse gaudet. Marcus freut sich, dass der Esel zum Garten eilen kann.

7 a) Sextus Selicius liberos in villa avi esse dicit. Sextus Selicius sagt, dass die Kinder im Landhaus des Großvaters sind.
b) Aurelia silentium marito placere putat. Aurelia glaubt, dass die Ruhe ihrem Mann gefällt.
c) Avus liberos parere debere putat. Der Großvater glaubt, dass Kinder gehorchen müssen.
d) Sed avus liberos non parere videt. Aber der Großvater sieht, dass die Kinder nicht gehorchen.
e) Paulla ludum delectare gaudet. Paulla freut sich, dass das Spiel gefällt.

8 Asia hört gerne Geschichten; deshalb beginnt Gallus eine Geschichte zu erzählen. Phaeton, der Sohn des Sonnengottes, spielt mit Freunden. Plötzlich sagt einer von ihnen: »Du bist nicht der Sohn des Sonnengottes, sondern dein Vater ist unbekannt. Du bist ein Bastard!« Daher eilt Phaeton zum Sonnengott und bittet: »Meine Freunde sagen, dass du nicht mein Vater bist. Wenn du mein Vater bist, gib mir deinen Wagen!« Aber der Vater antwortet: »Sicher bin ich dein Vater und ich liebe dich. Aber, bitte, verlange ein anderes Geschenk. Du kannst den Wagen nicht lenken. Denn es steht fest, dass die Pferde einem Gott gehorchen müssen. Aber ich glaube, dass die Pferde dir nicht gehorchen.« Dennoch steigt Phaeton in den Wagen. Er freut sich, dass die Pferde schnell laufen. Aber weil die Pferde nicht gehorchen, stürzt Phaeton schließlich kopfüber vom Wagen und ist tot.

Lektion 10

1 teuer, lieb: carus – Marktplatz: forum – Brot: panis – Geld: pecunia – würdig: dignus
weitere: gierig auf etwas: cupidus – was?: quid – verschieden: varius – und: que – wenn: si – ermahnen: monere – dieser: is – also: ergo

2 prezzo/prix/precio: pretium (Preis)
caro/cher/caro: carus (teuer)
pane/pain/pan: panis (Brot)
nuovo/nouveau/nuevo: novus (neu)

3 mercatoribus iis – dominae eius – capros eos – flammas eas – virtutum earum – panem eum

4 a) is hortus → Abl. eo horto → Gen. eius horti → Pl. eorum hortorum → Akk. eos hortos
b) ea taberna → Dat. ei tabernae → Akk. eam tabernam → Pl. eas tabernas → Nom. eae tabernae
c) id ornamentum → Gen. eius ornamenti → Abl. eo ornamento → Pl. eis ornamentis → Nom. ea ornamenta

5 a) Der Großvater hat schöne Petersilie. – b) Esel und Ziegenbock haben einen großen Stall. – c) Aurelia besitzt viele Sklavinnen.

6 a) Marcus videt [patrem novam togam emere]. Marcus sieht, dass der Vater eine neue Toga kauft.
   b) Aurelia gaudet [mercatorem varias vestes vendere]. Aurelia freut sich, dass der Kaufmann verschiedene Bekleidungen verkauft.
   c) Gaia [Aureliam etiam ornamentum pulchrum emere] videt. Gaia sieht, dass Aurelia auch schönen Schmuck kauft.
   d) Sextus [uxorem ornamentum carum emere] non gaudet. Sextus freut sich nicht, dass seine Frau teuren Schuck kauft.

7 Ein römischer Ritter eilt mit seiner Frau und den Kindern durch die Straßen. »Kommt zu dem Laden und kauft neue Kleider! Mein Vater will in die Stadt kommen. Er besitzt viel Geld. Aber er will nicht, dass Frauen teure Kleider mit Schmuck haben. Deshalb kauft einfache Kleider!« Gallus und Asia lachen, weil sie verstehen, dass der Ritter seinen Vater täuschen will. Plötzlich rennt ein Mann aus einem anderen Laden und raubt dem Ritter sein Geld. Der Ritter schreit: »Weh mir! Der ist ein Dieb! Er hat all mein Geld. Ergreift ihn!« Aber der Dieb rennt schnell und eilt zur Subura. Keiner kann den Dieb fassen. Der Ritter beginnt zu weinen und ruft: »Mein Vater schlägt mich sicherlich, nicht, weil ich viel Geld verloren habe, sondern weil meine Frau und meine Kinder diese teuren Kleider haben.«

Lektion 11

1 a) konservativ: servare: retten, bewahren; erhaltend, bewahrend – b) Demonstration: demonstrare: zeigen; öffentliche Versammlung vieler Menschen, die ihre Meinung z. B. mit Plakaten zeigen wollen – c) Tradition: tradere: übergeben, überliefern; Weitergabe von Überzeugungen, Glaubensvorstellungen und Bräuchen – d) Simulator: simulare: vortäuschen; Computerprogramm, das die Realität nachahmt; es ermöglicht, schwierige oder gefährliche Dinge zu testen, ohne sie wirklich in der Realität zu tun (z. B. kann man im Flugsimulator gefährliche Landemanöver vorab üben) – e) Abitur: abire: weggehen; Prüfung, nach der man das Gymnasium verlässt

2 a) idoneus, a, um: geeignet – b) resistere: stehen bleiben, Widerstand leisten – c) iubere: befehlen – d) virgo: (junge) Frau – e) gaudium: Freude – f) ira: Zorn – g) laborare: sich bemühen, arbeiten – h) reprehendere: tadeln – i) pecus: Vieh – j) ludus, ludere: Spiel, spielen – k) amittere: verlieren – l) populus: Volk – m) campus: Feld – n) desinere: aufhören

3		Nominativ	Genitiv	Dativ	Akkusativ	Ablativ
Sg.		vestis officium equus	horti togae vestis	togae	panem officium	
Pl.		horti pretia togae	virginum regum fabularum	foris	pretia miserias	foris

4 a) Asia dicit [se bonam ancillam esse]. Asia sagt, dass sie eine gute Sklavin ist.
   b) Aurelia gaudet [eam officia facere]. Aurelia freut sich, dass sie ihre Dienste macht.
   c) Sextus [se bonum patrem esse] putat. Sextus glaubt, dass er ein guter Vater ist.
   d) Sed avus [eum patrem bonum et severum non esse] putat. Aber der Großvater glaubt, dass er kein guter Vater und nicht streng ist.
   e) Sed liberi [sibi patrem severum esse] dicunt. Aber die Kinder sagen, dass sie einen strengen Vater haben.

5 Domina ancillam pecuniam mercatori tradere iubet. Die Herrin befiehlt, dass die Sklavin das Geld dem Kaufmann übergibt.
   Domina se vestes pulchras emere dicit. Die Herrin sagt, dass sie schöne Kleider kauft.
   Domina ancillam panem emere iubet. Die Herrin befiehlt, dass die Sklavin Brot kauft.
   Domina eam ad forum ire iubet. Die Herrin befielt, dass sie zum Forum geht.

6 a) Remus se verbis fratris non parere dicit. Remus sagt, dass er den Worten seines Bruders nicht gehorcht.
   b) Remus Romulum murum non altum aedificare dicit. Remus sagt, dass Romulus eine kleine (nicht hohe) Mauer baut.
   c) Remus se novum murum transire posse dicit. Remus sagt, dass er die neue Mauer überspringen kann.
   d) Remus Romulum iratum esse dicit. Remus sagt, dass Romulus zornig ist.

7 a) Ein Esel findet Romulus und Remus: falsch (eine Wölfin) – b) Rhea Silvia ist die Mutter der Kinder: richtig – c) Jupiter ist der Vater des Romulus: falsch (Mars) – d) Remus sieht 12 Vögel: falsch (Romulus) – e) Die Götter geben Romulus die Herrschaft: richtig

8 Faustulus ist ein Hirte und lebt mit seiner Frau in den Wäldern. Faustulus und seine Frau bedauern, dass sie keine Kinder haben. Der Hirte geht oft durch den Wald und sucht Gräser. Auch heute ist er im Wald und kommt zum Fluss Tiber. Plötzlich hört er das Geschrei von Kindern: Er sieht, dass eine Wölfin zu den Kindern läuft. Schon will er sie retten, weil er glaubt, dass die Wölfin sie tötet. Aber er sieht etwas Komisches: Die Wölfin geht zu den Söhnen von Rhea Silvia und Mars – und sie säugt sie. Die Kinder hören auf zu weinen und schlafen ein und die Wölfin geht weg. Sofort geht Faustulus zu den Kindern und trägt sie nach Hause. Es steht fest, dass die Freude der Ehefrau groß ist. Wieder und wieder ruft sie: »Die Kinder sind ein Geschenk der Götter. Die Kinder sind ein Geschenk der Götter!« Lange leben

Faustulus und seine Frau mit den Kindern in den Wäldern; die Kinder wachsen heran; immer verehren sie den Gott Mars, obwohl sie nicht wissen, dass sie die Söhne des Mars und der Rhea Silvia sind.

Lektion 12

1 postquam: nachdem – solus: allein – vivere: leben – quamquam: obwohl – contra: gegen
weitere: sine: ohne – aedificare: bauen – tamquam: wie – antiquus: alt – ubi: wo – altus: hoch – stultus: dumm – libenter: gern – numquam: niemals – agere: tun – et: und – ita: so – unus: ein

2 iubere: befehlen ↔ parere: gehorchen; cum: mit ↔ sine: ohne; pax: Frieden ↔ bellum: Krieg; numquam: niemals ↔ semper: immer; aedificare: bauen ↔ delere: zerstören; novus, a, um: neu ↔ antiquus: alt; servare: bewahren ↔ exstinguere: auslöschen, vernichten

3 vivere: leben *und* vita: Leben – regnum: Königsherrschaft *und* rex: König – gaudium: Freude *und* gaudere: sich freuen – clamare: schreien, rufen *und* clamor: Geschrei – pugnare: kämpfen *und* pugna: Kampf, Schlacht – miseria: Unglück *und* miser: bedauernswert, unglücklich

4 a) rogavimus – timuit – curavi; b) monuisti – vocavisti – fuit
Daran erkenne ich die Perfektformen: an der Perfektstammbildung mit -v- oder -u- und an den Personalendungen -i, -isti, -it, -imus, -istis, -erunt.

5 laboravi, laboravisti, laboravit, laboravimus, laboravistis, laboraverunt – fui, fuisti, fuit, fuimus, fuistis, fuerunt – monui, monuisti, monuit, monuimus, monuistis, monuerunt

6 a) 3. Pers. Sg. Perf.: er hat geglaubt – b) 1. Pers. Pl. Präs.: wir überlegen – c) 3. Pers. Pl. Perf.: sie sind geflogen – d) 2. Pers. Sg. Perf.: du hast dich gefürchtet – e) 1. Pers. Sg. Präs.: ich raube – f) 3. Pers. Pl. Präs.: sie siegen – g) 1. Pers. Sg. Perf.: ich habe gehabt – h) 2. Pers. Pl. Präs.: ihr übergebt – i) 2. Pers. Pl. Perf.: ihr habt gerufen – j) 1. Pers. Sg. Präs.: ich lebe – k) 3. Pers. Sg. Präs.: er befiehlt – l) 1. Pers. Sg. Perf.: ich habe erzählt

7 narro: ich erzähle, narravi: ich habe erzählt – aedificant: sie bauen, aedificaverunt: sie haben gebaut – mones: du mahnst, monuisti: du hast gemahnt – simulat: er täuscht vor, simulavit: er hat vorgetäuscht – servamus: wir bewahren, servavimus: wir haben bewahrt – estis: ihr seid, fuistis: ihr seid gewesen

8 z.B.: vocavi: 1. Person Singular Perfekt – monet: 3. Person Singular Präsens – monuerunt: 3. Person Plural Perfekt – amici: Gen. Sg./Nom. Pl. von amicus – amicos: Akkusativ Plural – urbem: Akkusativ Singular

9 a) invitamus → Perf. invitavimus → 3. Pers. invitaverunt → Sg. invitavit → 2. Pers. invitavisti → Präs. invitas
b) iaceo → 3. Pers. iacet → Perf. iacuit → Pl. iacuerunt → 1. Pers. iacuimus
c) necant → Perf. necaverunt → 2. Pers. necavistis → Sg. necavisti → 1. Pers. necavi

10 Nachdem Romulus und Remus gehört hatten, dass sie die Söhne von Rhea Silvia sind, und sie den schlechten König vertrieben hatten, wollten sie eine neue Stadt gründen. Deshalb wollten sie mit anderen Hirten einen geeigneten Ort finden. Sie fanden beim Fluss Tiber einen Ort und Romulus sagte zu Remus: »Sieh! Hier müssen wir die neue Stadt gründen!« Aber Remus sagte: »Wir müssen die Götter fragen, wer regieren soll. Wir betrachten den Himmel und zählen Vögel. Die Götter geben dem die Königsherrschaft, der eine größere Anzahl von Vögeln sieht.« Remus sah sechs Vögel, aber Romulus war Sieger, weil er zwölf Vögel sah. »Aus diesem Zeichen erkenne ich, dass die Götter mich unterstützen«, rief Romulus und begann, eine Mauer zu bauen. Remus aber lachte seinen Bruder aus: »Diese Mauer kann ich überspringen« rief er und übersprang die Mauer. Romulus tötete aus Zorn Remus und gab der Stadt seinen eigenen Namen.

Lektion 13

1 murus: Mauer – gratias agere: danken – delere: zerstören – desperare: verzweifeln – complere: anfüllen

2 nuper: kürzlich – beneficium: Wohltat – augere: vergrößern – calamitas: Unglück, Schaden – rumpere: zerbrechen – quam: als – fama: Ruf, Gerücht – desperare: verzweifeln – nihil: nichts
Das Alphabet wurde um eine Position nach links verschoben; also: N → M; T → U usw.

3 semper – diu – nuper – antea – rursus – numquam – denique – postquam

4 a) Eruption: rumpere: zerbrechen; Ausbruch eines Vulkans – b) Auktion: augere: vergrößern; Versteigerung (eine besondere Art des Verkaufs, bei der der letzte Bieter, der das höchste Gebot abgegeben hat, den Zuschlag erhält) – c) Komplet: complere: anfüllen; Nachtgebet, das den Tag der Mönche nach erfülltem Tagewerk beendet – d) Kalamität: calamitas: Unglück, Schaden; Misslichkeit, Schaden

5 a) 3. Pers. Pl. Perf.: sie haben zerstört – b) 2. Pers. Pl. Perf.: ihr habt gemacht – c) 1. Pers. Sg. Präs.: ich raube – d) 1. Pers. Pl. Perf.: wir haben gekonnt – e) 2. Pers. Pl. Perf.: ihr habt getan – f) 1. Pers. Sg. Präs.: ich sage – g) 1. Pers. Sg. Perf.: ich bin gekommen – h) 1. Pers. Pl. Perf.: wir haben bereitet – i) 1. Pers. Pl. Präs.: wir machen – j) 1. Pers. Sg. Perf.: ich habe zugeteilt – k) 2. Pers. Sg. Präs.: du teilst zu

6   v-Perfekt: deliberavi, flevi – u-Perfekt: monui – s-Perfekt: dixi, arsi – Dehnungsperfekt: veni, removi – Reduplikationsperfekt: dedi – Stammperfekt: tribui

7   a) muri aedificati: die erbauten Mauern – b) fabulae narratae: die erzählten Geschichten – c) urbs deleta: die zerstörte Stadt – d) mulier invitata: die eingeladene Frau

8   Gallus und Asia kamen zur Gladiatorenschule. Dort erwartete sie ein unbekannter Mann und führte sie in die Schule hinein. Lange blieben sie dort und sagten keine Silbe. Plötzlich trat ein Gladiator zu Asia und gab der Schwester Küsse. Asia sagte: »Das ist mein Bruder; er heißt Bactrianus. Aber erzähle, Bactrianus: Warum bist du hier? Warum kämpfst du nicht mit den anderen Männern unseres Stammes gegen die Römer?« Bactrianus sagte: »Viele Jahre haben wir gegen die Römer gekämpft. Schließlich haben die Römer gesiegt und uns in die Sklaverei geführt. Auch ich bin als Sklave nach Rom gekommen und habe gelernt in der Arena zu kämpfen. Nun bin ich froh, weil ich dich gefunden habe und genau weiß, dass du gesund bist.«

Lektion 14

1   kaum: vix – Lust: voluptas – Menge: copia – Soldat: miles – Gerücht: fama
    weitere: es ist nötig: oportet – Rücken: tergum – nur: modo – mehr: plus – Legion: legio – weitermachen: pergere – aber: sed – können: posse – ich: ego – kürzlich: nuper

2   a) repellere: vertreiben, zurückschlagen – b) esse: sein – c) accipere: annehmen, bekommen – d) credere: glauben, anvertrauen – e) dare: geben

3   a) Infinitiv Perfekt (vorzeitig) – b) Infinitiv Präsens (gleichzeitig) – c) Infinitiv Präsens (gleichzeitig) – d) Infinitiv Perfekt (vorzeitig) – e) Infinitiv Perfekt (vorzeitig) – f) Infinitiv Präsens (gleichzeitig) – g) Infinitiv Perfekt (vorzeitig)

4   a) zurückkommen – b) besiegt haben – c) konnte – d) ist

5   a) Publius narrat [Germanos copias Romanas vicisse]. *vorzeitig* Publius erzählt, dass die Germanen die römischen Truppen besiegt haben.
    b) Constat [Romanos aquilam amisisse]. *vorzeitig* Es steht fest, dass die Römer den Legionsadler verloren haben.
    c) Marcus [eam cladem magnam esse] intellegit. *gleichzeitig* Marcus versteht, dass dies eine große Niederlage ist/dass diese Niederlage groß ist.
    d) Marcus [patrem famam primo non credere] videt. *gleichzeitig* Marcus sieht, dass sein Vater das Gerücht zuerst nicht glaubt.
    e) Sed servus [etiam se eam famam audivisse] dicit. *vorzeitig* Aber der Sklave sagt, dass auch er dieses Gerücht gehört hat.

6   a) fuisse; Sabinius sagt, dass er mit seinem Vater in Griechenland war.
    b) adiisse; Sabinius erzählt, dass er dort große und berühmte Städte besucht hat.
    c) esse; Sabinius sieht, dass Gaia ein schönes Mädchen ist.
    d) visitare; Daher wünscht Sabinius, dass Gaia mit ihm Griechenland besucht.

7   »Höre, Gallus, ich habe Neuigkeiten erfahren und will dir Vieles erzählen: Ich habe erfahren, dass viele germanische Stämme den Fluss Rhein überquert und unsere Soldaten angegriffen haben; der Feldherr Marcus Lollius wollte die Truppen der Germanen zurückdrängen; aber die barbarischen Menschen haben die Legion des Lollius in die Flucht geschlagen und das römische Volk hat eine große Niederlage erfahren, weil Marcus Lollius den Legionsadler verloren hat. Es steht fest, dass der Kaiser Augustus eine solche Niederlage nicht ertragen kann. Deshalb unterstütze ich unsere Soldaten. Ich habe ein Schwert gekauft, weil ich als Soldat nach Gallien gehen möchte. Es ist nötig Augustus zu unterstützen. Es ist nötig das Vaterland zu unterstützen. Es ist nötig, die Welt zu retten!« Aber Gallus sagt(e): »Du hast zu viele Reden gehört und zu viele Redeübungen geschrieben und glaubst jetzt, dass du ein tapferer Mann bist. Aber höre, Marcus: Sollen andere kämpfen, du sollst deinem Lehrer zuhören!«

Lektion 15

1   littera: Buchstabe – convenire: zusammenkommen – nubere: heiraten – ducere: führen – ridere: lachen – nuptiae: Hochzeit – dos: Mitgift – promittere: versprechen

2   ridere/rire/reír: ridere (lachen)
    amore/amour/amor: amor (Liebe)
    onesto/honorable/honorable: honestus (ehrenhaft)
    promettere/promettre/prometer: promittere (versprechen)
    leggere/lire/leer: legere (lesen)
    cercare/chercher/buscar: quaerere (suchen)

3   quando – mox – heri – hodie – nuper

4 si: wenn → Bedingung (kondizional); quia: weil → Grund (kausal); cum: als → Zeit (temporal); quamquam: obwohl → Einräumung/Gegensatz (konzessiv); postquam: nachdem → Zeit (temporal)

5 spera-t; spera-ba-t – aedifica-t; aedifica-ba-t – demonstra-s; demonstra-ba-s – stude-mus; stude-ba-mus – mone-o; mone-ba-m – ride-nt; ride-ba-nt – audi-tis; audi-eba-tis – sci-t; sci-eba-t – conveni-o; conveni-eba-m – eripi-unt; eripi-eba-nt – repara-mus; repara-ba-mus

6 a) fundebatis – legebas – desinebam – parebant; b) augebat – invitabamus – gaudebas – erat; c) promittebas – nubebas – quaerebatis

7 a) studes → Imperf. studebas → 1. Pers. studebam → Pl. studebamus → 3. Pers. studebant → Perf. studuerunt
  b) scio → Imperf. sciebam → 3. Pers. sciebat → Pl. sciebant → Perf. sciverunt → Präs. sciunt
  c) sum → Imperf. eram → 3. Pers. erat → Pl. erant → 2. Pers. eratis → Perf. fuistis

8 a) cupiebat; Lange wünschte Daedalus mit Icarus von Kreta zu fliehen.
  b) spectabat; invenit; Daedalus blickte oft zum Wasser, oft zum Himmel; endlich erfand er eine List.
  c) fecit; iussit; Er machte Flügel und befahl seinem Sohn: »Nähere dich nicht der Sonne!«
  d) placuit; egit; Aber dem Jungen machte es Spaß zu fliegen und er handelte gegen die Worte seines Vaters.
  e) delevit; potuit; Die Sonne zerstörte die Flügel des Jungen und der Vater konnte seinem Sohn nicht helfen.

9 Asia schwieg lange und sah nicht die vielen Kaufleute mit den Waren. Endlich blieb sie stehen und sagte: »Ich danke dir, weil du meinen Bruder gefunden hast und mich zu ihm geführt hast. Er hat vieles erzählt: Er kämpfte viele Jahre zusammen mit den Männern unseres Stammes gegen die Römer. Sie verteidigten Frauen und Kinder und schützten ihr Hab und Gut. Dann waren die Römer plötzlich im Dorf. Denn einer der Bewohner hatte die Freunde verraten und den Römern einen geheimen Weg gezeigt. So haben die Römer mit List gesiegt und unsere Leute in die Sklaverei geführt. Lange musste mein Bruder über das Meer segeln. Nun muss er in der Arena kämpfen, aber er ist ein guter Gladiator und hat schon viele Gegner besiegt.«

Lektion 16

1 coniunx: Ehemann – vox: Stimme – optimus: der beste – cras: morgen – oculus: Auge – exire: hinausgehen – dea: Göttin – colere: bewirtschaften, pflegen, verehren – heri: gestern
  Das Alphabet wurde um eins nach rechts verschoben, also: C → D; O → P usw.

2 Substantive: oculos – corde – muri – herbis – dolum
  Verbformen: exibit – pergo – studete – tribuisse – abite
  Präpositionen: a – sine – de – ab – ex
  Sonstige: cras – saepe – rursus – fortasse – contra

3 nuptiae (Hochzeit) – maritus (Ehemann) – dos (Mitgift) – uxor (Ehefrau) – liberi (Kinder)

4 despera-t, despera-ba-t, despera-bi-t – ora-t, ora-ba-t, ora-bi-t – i-t, i-ba-t, i-bi-t – stude-nt, stude-ba-nt, stude-bu-nt – ride-mus, ride-ba-mus, ride-bi-mus – spera-tis, spera-ba-tis, spera-bi-tis – exeu-nt, exi-ba-nt, exi-bu-nt – auge-s, auge-ba-s, auge-bi-s

5 a) exspectabis – abibis – parebimus; b) simulabimus – narrabo – movebit – parabit

6 a) cogitabat; invenit; Lange überlegte Daedalus; plötzlich erfand er eine List.
  b) possumus; So können wir die Insel verlassen.
  c) volabimus; In wenigen Tagen werden wir von der Insel fliegen.
  d) apportabo; aedificabo; Ich werde Federn herbeitragen/holen und Flügel bauen.

8 Nachdem Bactrianus viel über die verlorene Heimat und sein Unglück erzählt hatte, lachte er plötzlich und sagte: »Ich werde viele Kämpfe ausfechten und viele Gegner in der Arena töten. Viel Geld werde ich herbeitragen; das Volk wird mich lieben und die anderen Gladiatoren werden mich fürchten. Ich werde als berühmter Gladiator auf dem Marsfeld stehen und werde endlich frei sein. Schließlich werden wir in die Heimat zurückkehren: Wir werden unser Dorf sehen und ein Landhaus bauen. Unsere Leute werden mit uns wohnen, weil es nötig ist mit der Familie zu leben. Wir werden unsere Götter anflehen, wir werden ihnen Opfer geben, wir werden Tiere opfern. Dann werden wir gegen die Römer kämpfen und nicht verzweifeln. Entweder werden wir die Freiheit oder den Tod erwarten. Aber ich weiß ganz sicher: Die Götter werden uns unterstützen und sie werden uns von den ungerechten Römern befreien.«

Lektion 17

1. victoria: Sieg – patria: Heimat – tempus: Zeit – dolor: Schmerz – cor: Herz
   weitere: nuntius: Bote – post: nach – honos: Ehre – coniunx: Ehemann – bene: gut – pro: vor – salvus: gesund – videre: sehen – bonus: gut – vox: Stimme – tres: drei

2. a) Kultur: colere: sich intensiv beschäftigen mit; Pflege geistiger Werte und Leistungen – b) Motor: movere: bewegen; Antriebsmaschine – c) Reliquie: relinquere: verlassen; Reste eines Heiligenkörpers

3. Grund: itaque: deshalb – cur: warum – nam: denn – quia: weil
   Zeit: cras: morgen – heri: gestern – quando: wann – saepe: oft – postquam: nachdem
   Ort: domum: nach Hause – hic: hier – ubi: wo

4.1 a-Konj.: servare – e-Konj.: complere, movere – i-Konj.: nescire, pervenire – kons. Konj.: metuere, legere, credere, promittere

4.2 a-/e-Konj.: servabit; complebit; movebit – i-Konj.: nesciet, perveniet – kons. Konj.: metuet, leget, credet, promittet

5. a) nobis: ist Pronomen, die anderen Formen sind Verben im Futur – b) novam ist Adjektiv, die anderen Formen sind Verben im Futur – c) ridet ist Präsens, die anderen Formen sind Futur – d) vident ist Präsens, die anderen Formen sind Futur – e) movemus ist Präsens, die anderen Formen sind Futur
   Warum ist das Erkennen des Futurs manchmal schwierig? Weil man e-Konjugation und konsonantische Konjugation gut auseinanderhalten muss.

6. a) 4 – b) 1 – c) 3 – d) 8 – e) 6 – f) 7 – g) 9 – h) 2 – i) 5

7. Präsens: intellegunt, vincunt, capiunt – Perfekt: duxerunt, exii, tradidit – Imperfekt: recipiebas, veniebatis, diligebam – Futur: sciam, ridebimus, metuam, eris

8. a) video → Fut. videbo → 3. Pers. videbit → Pl. videbunt → Imperf. videbant → Perf. viderunt
   b) fugio → Fut. fugiam → 3. Pers. fugiet → Pl. fugient → Perf. fugerunt → Präs. fugiunt
   c) veniunt → Fut. venient → 2. Pers. venietis → Sg. venies → 1. Pers. veniam → Präs. venio

9. »Ich weiß nicht, was ich denken und machen soll. Bevor Asia ihren Bruder sah, war mein Leben heiter. Nun aber bin ich sowohl froh als auch traurig. Denn Asia freut sich, weil sie ihren Bruder gefunden hat. Und vielleicht wird er bald frei sein und die Stadt verlassen und Asia mit sich führen. Aber ich bin verzweifelt. Denn ich liebe Asia. Daher wollte ich zu meinem Herrn gehen und ihn fragen: ›Ist es erlaubt, die Hochzeit mit Asia zu planen/bereiten?‹ Aber nun wird sie vielleicht Rom und mich verlassen.« Gallus weint. Plötzlich hört er Asias Stimme: »Niemals werde ich aus der Stadt weggehen. Obwohl ich meine (alte) Heimat sehen wollte, weiß ich, dass Rom meine neue Heimat ist. Wo du bist, da ist meine Heimat. Niemals werde ich dich verlassen, weil ich dich liebe und immer lieben werde.«